功能语言学视角下的学术期刊编辑与出版研究

高生文 著

对外经济贸易大学出版社
中国·北京

图书在版编目（CIP）数据

功能语言学视角下的学术期刊编辑与出版研究 / 高生文著. —北京：对外经济贸易大学出版社，2024.3

ISBN 978-7-5663-2592-1

Ⅰ. ①功… Ⅱ. ①高… Ⅲ. ①学术期刊–期刊编辑–研究②学术期刊–出版工作–研究 Ⅳ. ①G237.5

中国国家版本馆 CIP 数据核字（2024）第 046243 号

功能语言学视角下的学术期刊编辑与出版研究

高生文　著

责任编辑：陈培风

助理编辑：邱　悦

出版发行：对外经济贸易大学出版社
社　　址：北京市朝阳区惠新东街 10 号
网　　址：www.uibep.com
资源网址：www.uibepresources.com
邮政编码：100029
邮购电话：010－64492338
发行部电话：010－64492342
E-mail：uibep@126.com

成品尺寸：170mm×240mm
印　　张：10.5
字　　数：166 千字
ISBN 978-7-5663-2592-1
印　　刷：北京九州迅驰传媒文化有限公司
版　　次：2024 年 3 月北京第 1 版
印　　次：2024 年 3 月第 1 次印刷
定　　价：49.00 元

前　言

《功能语言学视角下的学术期刊编辑与出版研究》一书主要涉及两个方面的内容：系统功能语言学和学术期刊编辑与出版。一方面，系统功能语言学是一种普通语言学，也是一种适用语言学（appliable linguistics）。作为普通语言学，系统功能语言学重视语境研究，将语言研究与语篇和语境结合起来，使语言研究的视野更加新颖和开阔，学术性更强。作为适用语言学，系统功能语言学重视语言与社会关系的研究，是“一个全面的、理论上强大的语言模型，正是因为它全面而强大才能够应用于我们现代社会中以某种方式或其他方式与语言打交道的许多群体一直面临的问题，包括研究问题和实际问题”（Halliday M.A.K., 2008: 7），就是一个以问题和适用为导向，解决社会实践问题的语言学理论，它重视理论与实践的结合。实践证明，作为普通语言学和适用语言学的系统功能语言学可以为跨学科研究、编辑出版研究等提供理论指导，为高校学报在内的学术期刊高质量发展研究提供新的理论视域和研究方法（高生文，2015，2017a，2017b，2017c，2018a，2018b，2018c，2018d，2018e，2019）。另一方面，我国编辑学研究已有近四十年的历程，但还没有真正地确立编辑学理论的基础、范畴、体系等，理论性还远远不够。一种理论的发展应该以该理论本体研究为基础，同时从其他相关成熟学科中汲取合理的养分，以充实和完善自我。实践证明，从其他成熟学科中借鉴合理成分是所有成熟学科理论发展的必由之路，也是理论发展的捷径之一。毋庸置疑，系统功能语言学在为编辑与出版研究提供理论指导的同时，也扩大了自身的研究视野，增强了自身的适用性。编辑与出版研究从系统功能语言学汲取合理养分，增强自身理论性的同时，也会促进系统功能语言学的发展。二者相互促进。

本书共十三章内容。其结构和主要观点如下。

第一章题为“继承与发展”，是本书开篇，论及本书作者与系统功能语言学的渊源及对系统功能语言学发展的愿望。

第二章旨在通过对 Malinowski、Firth、Halliday、Gregory、Martin 等主要学者有关语域研究的回顾，厘清系统功能语言学语域思想的发展脉络，明确语域的本质和语域分析的内容。Halliday 在 Malinowski 和 Firth 的基础上经过大量的研究，提出了自己的语域思想；Gregory 与 Halliday 基本一致，不过在个别概念的理解上，二者稍有不同；Martin 对 Gregory 和 Halliday 的语域研究有继承，但不同之处比较显著。本书作者基本赞同 Halliday 的观点，但认为语域不仅具有情景语境方面的特征，还具有语言方面的特征，对语篇进行语域分析不仅要包括情景语境分析，还要包括语篇语义分析。

第三章在 Halliday 的基础上反思语域思想，认为语域具有两面性，分析语篇语域不仅包括情景语境分析，而且包括语义分析；揭示语域除具有两面性外，还有历史性、动态性或生态性、主观性与客观性、显性和隐性、有限性和无限性以及复杂性等特点；提出语域除预测和衔接功能外，还具有自动调节功能、创新功能和社会功能。在此基础上提出语域重建这一新的重要概念，详细阐释语域重建的内容、方法和原则。

第四章从系统功能语言学语域的视角对编辑思维过程进行分析，提出两个语域视角的编辑模式：编辑选稿模式和编辑组稿模式或策划模式；提出编辑的本质是意义，编辑就是编辑意义的论断。这是对编辑活动和编辑思维研究的一种新的尝试。

第五章指出研究学术期刊编辑如何判断和选择稿件既有理论意义，又有实践价值。从系统功能语言学语域理论视角出发，对所涉文化语境和情景语境、语言和语篇、语言和语境之间关系，语域两面性特征，以及创立语域和重建语域过程进行了分析，指出了学术期刊编辑对稿件的判断包括语言和语境两个层次，且层次越高，判断的价值越大；明确了稿件判断的对象、标准和方法：即以语言系统和文化系统为标准和依据，把编辑重建的语域与语言系统和文化系统进行联系和比较，并通过学科规范和理论、意识形态两个文化次系统对体现稿件质量的学术性、创新性和政治性的判断进行了讨论，同时揭示了编辑学者化和专家化的合理性和必要性。

第六章从系统功能语言学话语基调的视角讨论了学术期刊编辑在整个文化活动过程中的作用、身份、地位等。研究发现，学术期刊编辑是意义的源头，其在学术成果的形成和传播中的作用是重要的，学术编辑是学者和专家，其社会地位高，应该受到社会的尊重。进而对学术编辑的两面性进行了讨论，指出正是由于社会对学术编辑具有两面性特征，尤其是更加重要的隐性的一面了解不够，导致了学术编辑身份和地位的尴尬境遇。解决学术编辑这种境遇的关键在于如何使其隐性的一面显性化和前景化，并对此提出了一些解决方法。

第七章从系统功能语言学话语基调视角对学术期刊编辑的性质进行了讨论。研究发现，学术期刊编辑具有两面性特征，既有学术性的一面，又有技术性的一面。进而通过内容和形式的辩证关系分析了学术编辑的学术性和技术性之间的关系，要想正确认识学术编辑的性质，就不能只看其形式，忽略其内容，将二者结合起来才全面、客观和科学。那种认为编辑只是整理加工稿件，是“中介”“守门人”“文字裁缝”等观点，以及在对学术编辑进行考评时只看其编辑方面成果等做法，都是形式主义的观点和做法。最后讨论了使学术编辑隐性的学术性显性化的途径和方法，希冀为学术编辑主体地位的确立提供有力理论支撑，为编辑学的深入发展打下坚实基础。

第八章从系统功能语言学话语基调视角对学术编辑的学术引领性进行讨论，说明在学术方向的设立，学术意义的发现，学术意义的体现，学术意义的评价、判断和选择，学术意义的成长整个文化活动中，学术编辑起着一定的引领作用。在话语基调视角下对学术编辑在学术活动中主体地位的确立，为打破长期以来编辑被“边缘化”谜题提供了新的解答方案，并对编辑在学术活动中所发挥的重要作用提供了新的阐释视角。

第九章从功能语言学语域视角来看，《论语》的传播和研究有一个不断丰富和发展的成长过程。由于情景语境中社交活动的主要参与者，即话语基调的认知能力、交际目的、社会地位、社会关系、价值观念等不同，孔子、孔门弟子、张禹、郑玄、皇侃、朱熹等分别在不同情境语境中发现和选择了体现时代价值和意识形态的意义，并用语言表征创建语域，创作《论语》语篇，重建语域，阐释《论语》语篇，给《论语》注入新的意义，促使《论语》这个语篇不断成长。《论语》所体现的意义不断从字面延伸向语篇背后的含义，即义理，作为语篇的语言就不断向作为系统的语言靠近，体现情景语境的语篇就不断变为体现文化语境的语篇，《论语》最后成为中华民族文化的组成部分。

第十章指出，学报综合性和专业化发展这个命题是学界和业界关注和亟需解答的热点问题之一。本章从系统功能语言学例示关系和体现关系两个维度对高校人文社科学报专业化发展的必然性、渐变性、可行性、制约因素以及学报综合性的合理性进行了探讨。我们认为，高校人文社科学报与学科的发展是同向的，其专业化发展是必然的，但学报专业化发展是渐变的；学报发展是沿着综合、专业、再综合、再专业的路线周而复始的；在学报发展某个特定阶段，学报综合性的存在有其合理性；学报专业化发展要想成功，一定要首先在政策、专业设定、人力、资金、学术资源、编辑配备等方面得到主办学校的大力支持；还需主管部门在具体管理体制和运作机制上的支持；学报专业化发展一定要确立正确的政治导向，体现时代核心价值观，弘扬时代精神。

第十一章指出，同质化是高校人文社科学报发展中普遍面对的一个重要问题，特色栏目建设是高校人文社科学报摆脱困境、创新发展的有效途径之一。本章从系统功能语言学体现关系和例示关系两个角度对高校人文社科学报特色栏目建设的必要性、可行性、路径和原理进行了研究。结论显示：特色栏目具有渐变性，稿件创新性决定渐变过程的长短，重视稿件质量、数量和连续性是特色栏目建设的关键之一；语境对特色栏目建设有决定作用，栏目特色的形成其实就是一个情景语境向文化语境发展的过程，是语境中学术资源、人际资源和媒体等技术资源的积累和培育过程，这个过程也是渐变的，特色栏目建设必须以学报所处语境为基础，否则其成功的可能性就不大；学术编辑具有主体性和引领性，是栏目建设中最具活力的因素，在特色栏目建设中重视编辑的培养、激励编辑的积极性是非常必要的；意识形态是对特色栏目建设制约最大的文化系统，确立正确导向，体现时代价值观念是栏目建设的重中之重。

第十二章认为高校学报普遍存在同质化问题，特色栏目建设成了学报改变现状的有效途径之一。以《北京科技大学学报（社会科学版）》“功能语言学”栏目为例，从系统功能语言学视角对高校人文社科学报特色栏目建设的必要性、可行性和建设方法等进行了全面论述。我们认为，学报特色栏目建设是学报发展的有效途径，栏目设置越靠近语篇，特色越明显；而特色栏目建设须以学报所处情景语境为依据，充分体现学报拥有的对学报特色栏目建设起决定作用的历史文化、编辑、学术等语境资源。同时，揭示了处于系统一极的特色栏目的特色是由相当数量学术语篇经过相当长时间的积淀形成的，学术语篇的创新性越大，特色形成得就越快。

第十三章以系统功能语言学为视角对高校学报在“双一流”建设中的发展问题展开讨论。研究发现，学科建设是“双一流”建设的基础，学报是反映高校教学科研成果的重要窗口，学报与学科存在相互促进、共生共荣的关系。最后就学报在“双一流”建设中如何发展的问题提出了六条发展策略，发挥自身优势，促进“双一流”建设，其实就是学报取得发展最好的方法和策略。

本书在写作中得到许多专家、学者、朋友和家人的支持和帮助，在此一并致谢。另外，书中一定存在某些缺点和不足，敬请指正。

目　录

第一章　继承与发展

——纪念系统功能语言学创始人 Halliday 先生

M.A.K. Halliday 先生创立了系统功能语言学，为语言学研究开创了一个新的更加开阔的视角。系统功能语言学不仅使语篇示例与语言系统有了联系，情景语境与文化语境有了联系，更使语言与社会语境有了联系，这就为意义如何从社会语境进入语篇，即语言是如何使用，语言如何表达意义的问题找到了答案，具有划时代的里程碑式的意义，也因此使得系统功能语言学与众不同。系统功能语言学理论自 20 世纪 50 年代末、60 年代初提出和发展以来，以雄厚的基础、博大的胸怀，不断充实，不断融合，不断发展，已成为国际上最有影响的语言学理论之一。

本人从大学求学时期开始就对语言学有浓厚兴趣，接触功能语言学（Functional Linguistics）始于 20 世纪 80 年代末，当时有幸看到北京大学出版社为即将出版图书制作的一份新书征订单，这本书就是由胡壮麟、刘润清和李延福主编的《语言学教程（英文版）》，书中最后有一部分内容是介绍现代语言学流派的，其中在介绍伦敦学派（The London School）一节中有关于 Halliday 和系统功能语法（Halliday and Systemic-functional Grammar）的内容，内容所占篇幅不多，当时有关语言学的英文图书十分稀少，本人当时就有攻读英语语言学方向研究生的打算，看到这份图书征订单如获至宝，在第一时间就预订了该书，不久就读到了书中的内容，从书中初步了解到了关于 Halliday 先生和其创立的理论。也就是说，我认识 Halliday 先生和其理论是从纸上开始的。

在北京大学出版社工作期间，本人就策划出版过多种关于系统功能语言学方面的学术著作，其中包括黄国文教授、常晨光教授、何伟教授、司显柱教授等学者的有关学术论著。值得一提的是，本人于 2007 年有幸推动并负责了 *The Collected Works of M.A.K. Halliday*（10 卷）丛书影印版由 Continuum 国际出版公司的引进和出版工作，丛书第 1 到第 10 卷分别是：*On Grammar*，*Linguistic Studies of Text and Discourse*, *On Language and Linguistics*, *The Language of Early Childhood*, *The Language of Science*, *Computational and Quantitative Studies*, *Studies in English Language*, *Studies in Chinese Language*, *Language and Education* 和 *Language and Society*。该丛书影印版由胡壮麟先生作总序，第 1 卷到第 10 卷分别由黄国文教授、朱永生教授、方琰教授、李战子教授、杨信彰教授、林允清教授、于晖教授、何伟教授、彭宣维教授、张德禄教授和任绍曾教授作序，其中第 8 卷还出了汉译版，由胡壮麟、黄国文等专家翻译。在该丛书引进和出版之际，我曾于 2007 年 4 月在江西师范大学举办的第十届全国功能语言学研讨会上由黄国文教授引见，见到了 Halliday 先生，与先生进行了比较充分的面对面的交流，得到先生的当面致谢和鼓励，先生谦恭慈祥，温文尔雅，给我留下了深刻印象。在工作中，尤其在引进、编辑和出版先生的系列丛书过程中，我对系统功能语言学产生了浓厚的兴趣，也因此于 2011 年至 2014 年师从原中山大学外国语学院黄国文教授攻读“功能语言学”方向博士学位。在中山大学攻读博士学位是幸运、快乐和充实的，幸运、快乐和充实的是能师从国内外知名专家黄国文教授，成为 Halliday→Fawcett→黄国文功能语言学学术谱系和学脉中的一员，专门研究多年来想进一步了解的系统功能语言学。这里大师云集，学术气氛浓郁，是国内外功能语言学中心之一，可以经常近距离接触到国内外最高级别的学者，包括 Halliday 和其夫人 Hasan 等，能够与大师们随时随地轻松自然地讨论学术问题，也与 Halliday 夫妇当面请教过功能语言学与翻译方面的问题。尽管与 Halliday 接触的机会有限，但受益匪浅，这为我能如期完成博士论文并获得博士学位提供了有利的条件。在读博期间，以及博士毕业以后，本人也一直思考系统功能语言学的适用性问题，近年来在多种外语专业学术期刊和编辑出版学术期刊上发表了多篇论文，并出版专著《语域视角下的翻译研究——理雅各和辜鸿铭〈论语〉英译比较》，提出了语域两面性假设（registerial duality hypothesis），并从系统功能视角论证学术编辑的身份、学术编辑特性、学术编辑的学术引领性、编辑模式、翻译模式等，从而将系统功能思想运用到了编辑出版和翻译学领域，为编辑学和翻译学研究提供了一个新的研究视角，同时验证和拓宽了系统功能语言学的适用性。

在原北京科技大学外国语学院副院长、教授、博士生导师何伟教授（现为北京外国语大学中国外语与教育研究中心副主任、教授、博士生导师）的大力推动下，《北京科技大学学报（社会科学版）》为促进国内外系统功能语言学发展，为系统功能语言学提供一个专业交流平台，于 2008 年特别设置了“功能语言学”专栏，何伟教授是栏目的发起者和栏目特邀主编。本人自 2011 年起在攻读功能语言学博士学位的同时负责该栏目的全面工作，自 2017 年起负责该学报的整体工作。“功能语言学”栏目自创办以来，已发表了系统功能语言学学术论文几百篇，英国加的夫大学荣休教授 Robin Fawcett 教授，香港城市大学 Jonathan Webster 教授，北京大学资深教授胡壮麟先生，教育部“长江学者”特聘教授、华南农业大学外国语学院院长黄国文教授等系统功能语言学界知名学者均在该栏目发表过学术论文。栏目得到了国内外系统功能语言学界的普遍认可和支持，其学术影响力逐年攀升。“功能语言学”栏目创办十多年来，一直以倡导人文、求实创新、引领学科为宗旨，获得了“全国高校社科期刊特色栏目”“北京市高校人文社会科学期刊名栏”等多项荣誉，是目前国内学术期刊界唯一的以“功能语言学”命名的专业性栏目，为系统功能语言学学科交流和发展及《北京科技大学学报（社会科学版）》的建设和发展做出了一定贡献。

2018 年 4 月 15 日，Halliday 先生仙逝，消息传来，学界悲恸。先生的离去，是系统功能语言学界及整个语言学界的重大损失。对系统功能语言学理论建构和适用性研究是先生毕生的事业，系统功能语言学的发展是先生毕生的目标，因此，对先生最好的纪念应该是如何更好地继承、创新和发展先生创立的理论和思想，并把它应用于社会，为人类文化和文明系统的建构和发展有所贡献。为此，《北京科技大学学报（社会科学版）》编辑部特别策划了纪念特稿，特稿主题为：纪念 Halliday 先生。

本期特稿得到了中国英汉语比较研究会英汉语篇分析专业委员会会长黄国文教授、中国英汉语比较研究会功能语言学专业委员会会长彭宣维教授、英汉语篇分析专业委员会副会长及中国生态语言学研究会会长暨本刊“功能语言学”专栏特邀主编何伟教授、英汉语篇分析专业委员会秘书长杨炳钧教授、功能语言学专业委员会秘书长刘承宇教授以及其他专家学者的大力支持，在此一并致谢。

逝者长已矣，生者应如斯。我们深切缅怀 Halliday 先生，致力于系统功能思想的发扬光大，做好系统功能语言学理论的传承和发展工作，不断以新的研究成果告慰先生，愿先生安息！

第二章　系统功能语言学语域思想流变

1. 引　　言

语域是系统功能语言学的一个核心概念，语域分析是系统功能语言学研究的主要内容和方法之一。Halliday 认为，语域是个语义概念，是与一定情景语境相关的语义配置；语域是语言的使用变体，是在一定语境中使用的一定的可以识别的语言资源配置（Halliday & Hasan, 1985: 38－41）。语言体现语境，语境制约语言，处于语言一端的语域与语境中的情景语境密不可分，对语域的描写离不开对情景语境的描写，情景语境是语域分析的内容之一，因此，系统功能语言学语域思想就是在对语境研究的基础上创立的，早期的语域研究就是对影响语言形式的语境的研究。然而，学界对语域本质的认识还存在较大分歧，语域分析从 Halliday 语域思想提出以来，也就一直没有得到很好的发展。有鉴于此，本章对系统功能语言学语域思想流变进行全面考察，旨在揭示语域的本质，并明确语域分析的内容。

2. Malinowski 的语境思想——语域思想的萌芽

系统功能语言学语域思想的源头可以追溯到20世纪20年代初英籍波兰人类学家 Bronislaw Malinowski 的相关研究。他于 1923 年提出了情景语境（context of situation）这个重要概念，情景语境是指语言活动的直接环境。他认为，话语发生的情景是永远都不能被认为与语言表达无关而被忽略的（Malinowski, 1923: 306）。他于 1935 年又提出了文化语境（context of culture）

这一重要概念（Malinowski, 1935: 22）。文化语境指制约语言活动的整个文化背景。

Malinowski重视语言的功能和语言表达的意义，重视语言与社会和文化的关系，强调情景语境和文化语境在语篇意义解读中的作用，打破了传统语言研究只研究语言本身的本体一元论思想。但Malinowski是一个人类学家，他关心的只是对具体发生的事、所说的话及其之间的联系进行描写，而不是有目的地从理论上对语言和语境之间的关系进行全面系统的描述，他没有对情景语境、文化语境、语言功能及其之间的关系进行深入考察。不过，Malinowski关于语境的思想，对系统功能语言学语域分析理论发展的作用是不可低估的。

3. Firth的语境思想——语域思想初步发展

J.R. Firth是伦敦语言学派的创始人。他认同Malinowski的情景语境思想，并把情景语境的思想纳入自己的语言学理论之中。他认为，语言学就是研究语言意义的，而意义就是语言在语境中的功能（Firth, 1935/1957）。

Firth（1935/1957）发现，Malinowski只重视具体语篇研究，其情景语境概念只是用来解释实际情景中语言使用的意义，其情景语境概念不够概括，因此还不能满足语言学研究的需求——他认为对语言的研究需要一个更加抽象、适合普通语言学理论意义上的情景语境概念。继而，他提出了适合普通语言学语篇研究的情景语境的描写框架。他认为，情景语境的描写应该包括以下内容：（1）情景中的参与者，包括其个人和个性，相当于社会学中参与者的地位和角色；（2）参与者的行为，包括言语行为和非言语行为；（3）情景中的其他有关事物和事件；（4）言语行为的效果（Firth, 1968: 177）。

Firth的研究重心是语义，他重视对语言和情景语境的研究，但他对情景如何影响语言、语言与情景之间存在怎样的关系这两个重要问题没有进行研究。另外，尽管他提出了一个情景语境分析框架，但他自己并没有运用这个框架对实际的语篇进行分析。然而，他把语境研究纳入到了普通语言学理论当中，指出了语言研究的方向，为语域研究的发展奠定了基础。

4. Halliday 的语境和语域思想——语域思想的进一步发展

Halliday 是系统功能语言学的创始人，他在 Malinowski 和 Firth 的基础上提出了自己的语境和语域思想，并把语域分析纳入系统功能语言学的理论体系中。

4.1 Halliday 的语境思想

Halliday 是从社会符号学的角度来研究语境的，他认为语义就是社会意义在语言中的体现，语境与语言之间的关系密切。正是由于对语境特征和语境特征与语言特征关系研究的重视，系统功能语言学的语境研究才与众不同。

1964 年，Halliday 对情景语境的内容进一步概括，提出情景语境包括三个变量，即话语范围（field of discourse）、话语方式（mode of discourse）和话语风格（style of discourse）。为了避免引起歧义，他于 1978 年将“话语风格”改成了“话语基调”（tenor of discourse）。这三个情景变量简称为语场、语旨和语式。情景语境三个变量的划分是系统功能语言学语境研究的重大突破，具有开拓性意义。一方面，使情景语境的内容进一步抽象，具有了理论特性和理论意义；另一方面，使情景语境的内容清晰明了，使对情景语境的描写有了依据，为进一步描写语境与语言的关系，以及为回答语言是如何使用和表达意义的问题打下了坚实的基础。

Halliday（1978, 1985, 1992, 1994）对语境和语言之间的关系进行了大量的研究，最后有了突破性发现。语境是通过语言的使用与语言发生关系的，使用中的语言就是作为示例的语篇，情景语境就是通过语篇与语言发生了关系，语篇体现情景语境，情景语境三个变量分别由语篇的三种意义体现，即：经验意义体现话语范围，人际意义体现话语基调，语篇意义体现话语方式；这三种语义又分别影响语言使用者在词汇语法层上对语言的及物系统、语气系统和主位系统的选择。Hasan（1995: 223）把 Halliday 提出的存在于语境变量和语言元功能之间的这种关系称为语境和元功能的耦合假设，认为他的研究对系统功能语言学理论建设具有战略性意义。这样，情景、语言功能和词汇语法之间的关系就建立起来了。

Halliday 于 1992 年提出了两个重要概念，即体现（realization）和例示（instantiation）。体现是指不同层次之间存在的关系，例示是指同一层次内不同内容之间的关系。Halliday 把语境当做语言外的一个层面来研究，即情景语境和文化语境是在同一层面上，它们之间的关系是例示关系。作为语篇的语言和作为系统的语言也处于同一层次上，它们之间的关系也是例示关系。语境与语言之间的关系是一种层次间的体现关系，其中，作为语篇的语言体现情景语境，作为系统的语言体现文化语境。这种关系如图 2－1 所示。

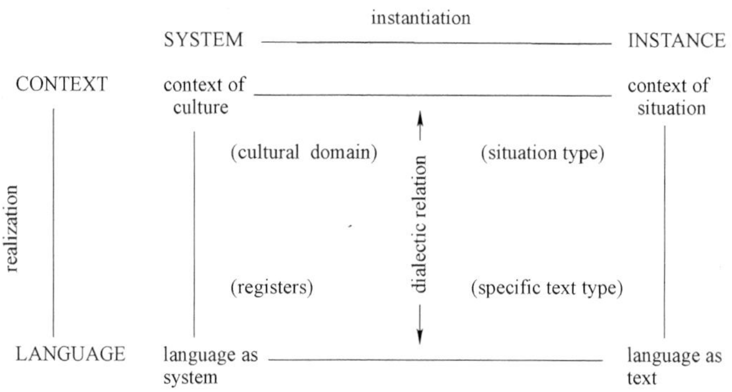

图 2－1　语言和语境、系统和示例的关系（Halliday, 1999: 8）

Halliday 的语境研究为语言是怎么表达意义的问题找到了答案，打通了社会系统与语言系统的关系。意义从情景中产生，经过使用者的语义选择和词汇语法的配置，最后得以以语篇的形式恰当地表达出来，情景、功能（语义）和语篇连贯起来，其间的运作机制得以说明，文化语境、情景语境、语义、词汇语法、语言表达成为了系统功能语言学有机的组成部分。Halliday 在语境分析方面的重大突破为其语域分析思想的提出和发展铺平了道路。

4.2　Halliday 的语域思想

据 Halliday 考察，系统功能语言学意义上的语域概念最早是由 Reid（1956: 32）提出的，Reid 的语域概念指的是语篇变体（text variety）。Halliday 于 1964 年开始使用语域这个概念。他指出，语域指的是语言的功能变体（functional variety of language），每个人都有大量这样的变体，在不同情况下在这些变体中做出相应的选择（Halliday et al., 1964: 75 – 94）。1978 年，他把语域看作是通过和某一情景类型（situation type）相联系的意义结构（Halliday, 1978: 31）。对语域的描述实际上就是对情景类型的社会语义的描述，它"形成了社会系统和语言系统之间的一个接口，其成分体现社会意义并由语言形式来体现"（Halliday, 1978: 111）。这就说明，语域之间不仅有形式（语言）上的区别，还有意义上的区别。1985 年，Halliday 进一步指出，"语域是一个语义概念，是与某一特定的话语范围、话语方式和话语基调情景组合（situational configuration）相关的意义配置（configuration of meanings）"（Halliday & Hasan, 1985: 38 – 39）。1995 年，Halliday（1995/2005: 248）指出，"语域使我们能够描写语言中的语境变化。从例示渐变体的示例一端来看，语域就是同类语篇的集合，是一种语篇类型；相反，从系统一端来看，语域就是一个子系统。"

Halliday 从 1964 年开始研究语域，到 1978 年其语域分析理论已经建立起来，并趋于成熟。总的来说，Halliday 的语域思想主要包括三项内容：第一，语域是语言的功能变体（Halliday, 1999: 16），"语域是把社会符号环境和语篇联系起来的中间概念"（Halliday, 1977/2002/2007: 58）。第二，语域是语言的变体，处于语言系统一端，是供选择的语义潜势，具体的每一个语篇都是语域的一个示例。第三，语域是通过情景来描写的，即，语域是通过语场、语旨和语式三个情景变量来定义的，也就是说，对一个语篇进行语域分析，主要是从语场、语旨和语式三个方面来展开。

我们可以从语域的概括性、精密阶、语域的受限程度、语域间的区别大小等角度来找出语域的一些特点，将其归类。Halliday（Halliday & Hasan, 1985: 39 – 40）认为，第一，根据意义数量，语域可分为"封闭（closed）或限制（limited）型的和开放（open）或自由（free）型的”。而彻底开放的语域是不可能有的，意义上一点规定也没有的情形是不存在的。我们永远不会完全自由地从语言系统资源中选择。如果这样，就不会有语言交流了（Halliday & Hasan, 1985: 40）。第二，语域可按其精密阶界定，如英语可分出文学英语、科技英语等，科技英语可分为航空英语、商贸英语等语域。第三，根据语域间的区别大小可对语域进行分类，小说和自然谈话的区别就很大，而中篇小说和短篇小说间的区别就很小。按某一特点区分的语域都可构成一个渐变体（cline）。

对于语域的功能，Halliday 主要提出了两项：预测和衔接。他（1978: 32）认为：“语域概念是一种预测形式。如果知道语言使用的社会环境，就可以在很大程度上预测出可能使用的语言，这种预测正确的可能性很大。”从情景、语域和语篇之间的关系可以看到，语境和语篇之间有互为预测的关系，我们可以根据语境来预测语篇，还可以根据语篇来预测可能产生这个语篇的语境，这种预测通常是双向的。但有时，我们只能从一个方向预测。有些语篇，如文学语篇，除了读者这个外在情景因素外，没有其他情景因素，我们只能根据语篇本身构建内在情景。语域的预测能力与语域的特点相关。有的语域所含的意义数量一定或很少，语域的封闭性越强，其预测语言形式的精确性就越高。在开放式的语域中可供选择的意义范围要比封闭式语域广，对语篇的预测就较难，很可能只能预测出所交换的意义和语篇结构的类型等。语域的精密度越高，其语义特征就越易于预测。另外，语域间的区别越小，我们越有可能熟悉其语言的结构特征，语域的预测性就大，相反就越小。语域的预测功能使人们彼此的理解成为可能，是语言交流成功的基础。

语域处于情景与语篇之间，除了对情景和语篇有预测作用外，还有衔接作用，这一点一直没有受到学界应有的重视。Halliday（1994/2000: 339）认为，语篇要想连贯就必须是衔接的。语篇衔接有两种，一是语篇内衔接，即语篇内各组成部分要衔接；二是语篇外衔接，即语篇与语境也要一致，符合语域要求。Halliday（Halliday & Hasan, 1976: 23）认为：“语域对衔接这个概念进行了很有用的补充，两者一起对语篇进行了有效界定。语篇在两个方面是连贯的：一是情景语境，语域要一致；二是语篇本身，语篇是衔接的。

二者缺一不可。”

关于语域、衔接和语篇特征的关系，Halliday（Halliday & Hasan, 1976: 26）认为，语篇特征是由两种语义配置组合形成的：一种是语域，一种是衔接。语域是一套语义配置，与特定的情景语境联系，对语篇的本质——语篇的意思是什么——有限定作用，包括社会的、表达的、交际的等所有意义成分。衔接是一套适合于所有语篇的意义关系，把语篇从“非语篇”中区别开来，使语篇的所有意义彼此相连。衔接关注的不是语篇的意思是什么，而是语篇是如何建构语义系统的。

4.3　对 Halliday 语域思想的评论

Halliday 在 Malinowski 和 Firth 的基础上，把情景语境概括为三个情景变量，把它纳入其语域分析理论框架之中。他从社会符号的视角，用语域这个概念把语境与语言联系起来，贯通了语境与语言的关系，打通了社会与语言的关系，从而解答了语言是如何使用的，即人们用语言做什么，语义是怎样表达的，或者说社会人是如何交往才成为社会人的这一系统功能语言学核心问题。

Halliday 认为，语域是在具体情景语境中使用的语言，是一个语义概念，是把社会系统和语言系统联系起来的一个概念，情景语境与语域显然是两个处于不同层次、具有不同性质的概念。而在对具体语篇进行语域分析时，Halliday 却主张从情景语境三个变量方面来分析，而且没有对这一做法进行任何解释。这就与他想借助语域来研究意义如何从社会进入语言的初衷以及因此提出的有关语域的思想有些相左，同时在学界产生了一定的混乱和误解。另外，他对语域的本质、特征与具体内容，以及对情景语境三个变量的具体内容没有做进一步的研究，这说明其语域思想还有许多发展空间。

我们基本赞同 Halliday 的语域思想，认为语域是一个语义概念，一个与具体情景语境相结合的语义概念。因此，我们认为，语域具有两面性特征，即语域既有情景语境的成分，又有语篇语义的成分，对语篇进行语域分析，不仅包括对情景语境的分析，而且包括对语篇语义的分析，将二者结合起来才全面；任何对语篇只进行情景语境或只进行语篇语义分析的方法都是片面的。具体来说，对语篇进行语域分析，要先对语篇进行语义分析，即分析语篇的概念意义、人际意义和语篇意义，然后再分别从情景语境，即话语范围、话语基调和话语方式三个变量方面来审视语篇表达的意义与情景语境是否一致，语篇是否表达了作者要表达的意义，进而，对语篇成功与否做出评价。关于语域两面性假设、语域思想新解及对语篇进行语域分析新思路的具体讨论（高生文, 2013, 2014a, 2014b）。

尽管 Halliday 语域分析体系中还有不少内容需学界进一步研究和描写，在语言实践中去验证，但其语域思想的理论意义和历史意义是不容置疑的。

Halliday 的语域研究引起了学界的注意，之后，有不少学者加入了对语域的研究行列。但这些学者的语域研究基本上以 Halliday 的语域思想为理论基础，理论创新不大。其中，Gregory 的语域思想与 Halliday 的稍有不同，并对 Martin 的相关研究有一定影响；Martin 提出了一个不同的模式，与 Halliday 的观点有较大不同。下面分别对 Gregory 和 Martin 的语域观进行回顾和评论。

5. Gregory 的语域观

在 Halliday 于 1964 年提出语域研究的思想之后，M.Gregory 是最先响应 Halliday 思想的学者。他基本认同 Halliday 的语域思想，并对其影响语域的情景语境的研究进行了修正，提出了自己的理解。他和 Spencer 合作，于 1964 年提出了情景的三个要素：话语范围、话语方式和话语基调。他把因语言使用者的不同而引起的语言变体叫做方言变体（dialectal variety），把因语言使用而导致的语言变体称作使用变体（diatypic variety）；同时，他认为，话语基调与受话者关系有关，受话者关系可以进一步分成个人受话者关系和功能受话者关系两种，因此，话语基调可以分为个人基调（personal tenor）和功能基调（functional tenor）两种，前者指交际情景中讲话者和受话者之间的关系，后者指说话人的交际意图或交际目的。Gregory 和 Carroll（1978）进一步对语言和情景的关系进行了讨论，其观点基本上与 Halliday 的一致，其术语除话语基调外也都改用了 Halliday 的术语，如把 dialectal variety 改为

dialect（s），把 diatypic variety 改为 register。Gregory 和 Carroll（1978: 64）认为，"语域就是一个联系语言变化和社会语境变化的抽象的概念"。Gregory 于 1988 年提出了一个新概念，即体裁情景（genre situation）。他把交际中不断出现的一些情景当作已经被内化和概括化了的知识，这些被当作知识的情景就是体裁情景，那些例示情景就是我们正在认识和正在进行的行为的环境（Gregory, 1988: 303）。受 James R. Martin 的影响，他最后放弃了一直坚持的把话语基调分为个人基调和功能基调的观点，又将其融为话语基调一个概念。他认为，如果将话语基调分为两个概念，这样对人际关系中的交际功能的限制就会太多，容易使人产生语言有四种元功能，即概念功能、人际功能、语篇功能和礼貌功能之嫌（Gregory, 1988: 314 – 315）。

Gregory 几十年来一直在探讨语言与社会情景的关系问题，在不同时期，提出了一些新的观点。其话语基调概念被 Halliday 接受，但在对话语基调的理解上，尽管他最后放弃了二分的做法，然而他却没有对功能基调的内容和归属做任何解释，这至少说明他对这个概念的理解是含糊不清的。

6. Martin 的语域观

语域在 Halliday 和 Martin 的研究中是一个不同的概念。在 Martin 的研究中，语域指的是 Halliday 的情景语境，是个语境概念，不是语义概念。Martin 把语境分为三个层次，语域处于最下层，语域上面是体裁层，体裁上面是意识层。Matthiessen 把 Martin 提出的语境研究习惯上称为体裁模式（genre model）（Matthiessen, 1993: 231 – 234）。下面对其语域研究进行简要回顾和评论。

6.1　Martin 的语域研究

Martin 先师从 Gregory，后跟随 Halliday 接受系统功能语言学的思想。而 Gregory 和 Halliday 在情景语境的研究上有分歧。Gregory 认为话语基调可进一步切分为个人基调和功能基调。Halliday 开始把话语基调叫做话语风格，后来虽然采纳了 Gregory 话语基调这一概念，但其话语基调只指 Gregory

的个人基调的内容，在 Halliday 的理论中，功能基调是属于话语方式的内容之一。这里的核心问题是：功能基调是属于话语基调的内容，还是属于话语方式的内容？我们认为，对这个问题的思考，是 Martin 提出自己的语域观点的根源。

开始，Martin 想把 Gregory 和 Halliday 的语境思想结合起来，建立一个适合于教学的语境模式。于是，他和 Rothery 把功能基调当作话语范围、话语基调和话语方式体现的变量，是属于语篇“社会目的”（social purpose）的内容（Martin & Rothery, 1980）。Martin（1999: 28）进而认为功能基调就是与语篇图式结构（schematic structure）有关的一个语境变量，并把功能基调这个概念改成体裁（genre），把它叫作可变的语篇体裁（variable genre），以强调体裁与语篇结构的关系。接着，他用体裁这个概念来指“分阶段、有目标的社会过程”。并用语域这个概念来指 Halliday 的情景语境，认为语域由话语范围、话语基调和话语方式三个变量组成（Martin, 1999: 28）。这样，Martin 的语境模式就基本确立了。其语域的位置如图 2－2 所示。

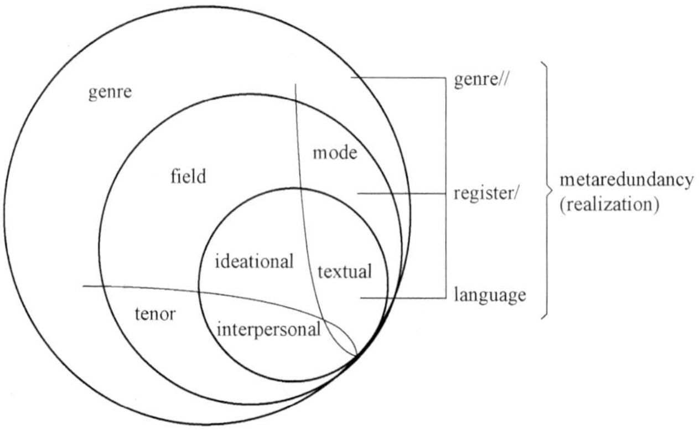

图 2－2　语篇体裁、语域和语言的关系（Martin, 1997: 8）

6.2　对 Martin 语域观点的评论

与 Halliday 的语域思想比较，Martin 的语域观点主要有以下不同：

第一，Halliday 的语境是语言外的一个层面，其中文化语境和情景语境在一个层面上，它们的关系是例示关系。而 Martin 的语境由三个层面组成，即意识、体裁和语域，三者之间的关系是：意识是体裁的内容层面，体裁是语域的内容层面；反过来说，语域是体裁的表达层面，体裁是意识的表达层面，每个层面既是上一层面的表达层面，又是下一层面的内容层面，具有两个身份，层面之间的关系含糊不清。第二，Halliday 的语域是一个语义概念；而 Martin 的语域是一个语境概念，相当于 Halliday 的情景语境。第三，Halliday 在前人研究的基础上，解决了语境与语言的关系问题，通过语域这个核心概念，把语境与语言联系起来了，从而解决了语言选择的问题；而 Martin 从过去人们割裂社会和语言的关系，只研究语言本身的一端走向了另外一端，即只对语境进行研究，起码没有把语言和语境放在同样重要的地位上来研究。第四，Martin（1999: 29）自己说："Halliday 用情景语境的地方，我们使用语域，这种不同只是术语上的不同而已。"情景语境和语域这两个概念是系统功能语言学研究已久的两个概念，其含义和地位经过几代学者，尤其是 Halliday 的努力，已经得到确定，其区分也是明确的。而 Martin 用语域来指情景语境，一定程度上引起了学界的困惑，这种困惑不仅表现在术语上，也表现在对语境、语域和语言进行研究的思想和方向上。如有学者把情景变量称为语域变量（Eggins, 1994: 9, 90），认为语篇的情景语境就是语域（张美芳，2005: 43）等。这种困惑导致的后果，就是学界对语境和语域研究的回避，实在回避不了就模糊处理，从而导致语域分析这个十分重要的领域一直没有得到很好的发展。因而，Martin 的思想受到了包括 Hasan 在内的系统功能语言学家的质疑和批评。Hasan（1995: 283）认为，"对体裁和语域的分层，对社会和语言的分裂，并因此形成的有问题的语言观，是极其有害的：这种观点把整个语篇结构和激活关系从一种交际中活跃的、有感情的、有反应的参与者行为变成一种按文化行事的既定谈话行为，其中，文化好像是不变的，参与者的行为好像是预先安排好的…… 我不认为 Martin 和他的同事提出了一个可应用于语篇结构分析更好的理论。"Halliday 本人也认为 Martin 误解了语域的原有定义（常晨光、陈瑜敏，2011：16）。甚至有学者认为，这是导致 Halliday 语域思想没有得到关键性的发展和应用的原因之一（Lukin et al., 2011: 188）。第五，Martin（1992/2004: 501－502）认为其体裁模式是对 Halliday 的语域模式的发展。学界有不少学者同意 Martin 的观点，如 Ventola（1988）、Eggins（1994）、杨信彰（2010）等。从以上分析可以看出，说 Martin 提出了一些语言研究的新观点，我们可以理解，其观点是否正确有待于进一步研究；但说 Martin 发展了 Halliday 的语域思想，本文作者持慎重态度。

Martin 的观点尽管存在可商榷之处，但客观来说，他在语境的研究方面确实做出了一定的贡献。如前所述，他的语域概念就是 Halliday 的情景语境概念，他在 Halliday 情景语境三个变量研究的基础上，对其做了进一步的细分。他从是否与活动有关（activity structured/non-activity structured）和是具体还是一般（specific/general）两个维度对话语范围进行了切分；提出话语基调包括地位（status）和一致性（solidarity）两个因素；从语言是伴随还是构成话语范围（accompanying field/constituting field）和对话与独白（dialogue/monologue）两个角度对话语方式进行了分析。这样，Halliday 提出的情景语境三个变量的研究内容，就在某种程度上得到了充实。

7. 结　　语

本章通过对 Malinowski、Firth、Halliday、Gregory、Martin 等学者有关语域研究的综述，呈现了系统功能语言学语域思想的发展脉络。他们之间有继承，也有分歧。Halliday 在 Malinowski 和 Firth 对语境研究的基础上，通过提出语域概念，阐明了语言和语境之间的关系，说明了意义是如何从社会进入语言的，为语言是如何使用的问题找到了答案。Gregory 与 Halliday 基本一致，他认为语境是通过语域来影响语言具体使用的，在对情景语境的研究中，他提出的话语基调这一术语，被 Halliday 及系统功能语言学界普遍接受，而对这个概念内容的切分上与 Halliday 不同，Gregory 提出的个人话语基调的内容与 Halliday 的话语基调相同，其功能基调在 Halliday 的理论中属于话语方式的内容，后来他虽把二者融为一体，却没有诠释清楚融合后的内容。Martin 提出了一个新的语境研究模式——这在学界被称为体裁模式，在此模式中，他把语境分成意识、体裁和语域三个层次，他的语域层次就是 Halliday 所讲的语境中的情景语境层次，由此可见，他没有把语境和语域区分开。不过，他的贡献在于丰富了情景语境三个变量的具体内容。

本文尽管赞同 Halliday 对语境和语域的区分，然而却不能认可他用情景语境三个变量对具体语篇进行语域分析的观点。他的这种做法不仅与他自己提出的有关语域思想相左，而且在学界引起了一定的误解。也正因如此，自 Halliday 提出语域概念以来，学界对语域分析方面的研究一直没有实质性的进展，并且观点还有较大分歧。那么，语域的本质究竟是什么？换句话讲，语域到底指情景语境，还是指语义，或是兼指二者呢？在文中通过对 Halliday 语域研究的述评，我们认为语域属于语义范畴，处于语言系统一端，是具体语言使用中供选择的语义潜势，不过，它同时具有两面性特征——既体现情景语境方面的特征，也体现语言方面的特征。因此，对具体语篇进行语域分析，既要包括情景语境分析，也要包括语篇语义分析，这样的语域分析才更全面，更有说服力和生命力。

第三章 系统功能语言学语域思想新解

1. 引　　言

语域是系统功能语言学的一个重要概念，语域分析是该理论的核心内容之一。但客观地说，自 Halliday 20 世纪 60 年代初到 20 世纪 70 年代末提出其语域研究的思想以来，语域分析方面的研究与系统功能语言学其他内容相比，研究的层次、规模、深度、广度和成果等都远远不够，甚至可以说，语域研究从 Halliday 的思想诞生以来，一直没有实质性发展，相应观点需要统一，理论也需要深化。本章以 Halliday 的语域思想为理论基础，重新认识一些问题，对语域分析提出新的思路，从而推动系统功能语言学语域分析的发展。

2. 语域的两面性假设

系统功能语言学研究的核心问题是语言和社会的关系问题，具体说就是语境和语言的关系问题。整个社会就是一个符号系统，语言是其系统之一。Halliday 是用语域这个概念研究语境与语言之间的关系。Halliday 几乎在所有涉及语言和语境的论著中都会谈到语域，论述语域又总会涉及情景语境。

Halliday 认为，语域变化表现社会过程的多样性或差异（Halliday, 1978: 2）；符号（code）通过语域在语言中才得以实现，语域就是按情景类型配置的意义的集合（同上：68）；如果从语场、基调和语式充分说明语境特征，就会合理预测与语境相关的语篇意义特征。这样预测需要一个中间层面，即某种语篇变体的概念，或者语域（同上：110）；对语域的描述实际上就是对情景类型的社会语义的描述，它形成了社会系统和语言系统之间的一个接口，其成分体现社会意义并由语言形式体现（同上：111）。语域就是与情景类型相连的语义的配置（同上：123）。总的来说，Halliday 一直想阐释社会意义是怎样通过语域流向或变成语义的，其中，语域就是一个联系语境和语言的中间“接口”或“中间概念”。遗憾的是，Halliday 只觉得研究语境和语言需要一个中间概念，但没有具体说明这个概念的本质和特性等重要方面。

按照这样的分析和理解，我们认为，情景、语域和语言的关系就可以如图 3－1 和图 3－2 所示。

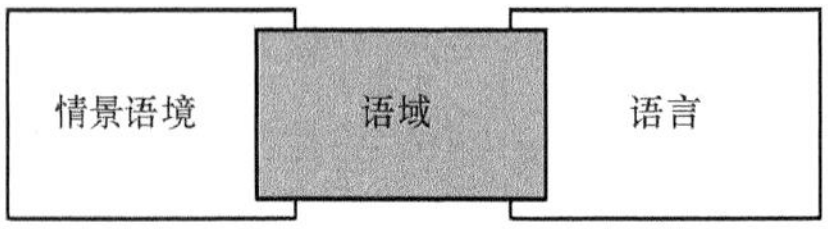

图 3－1　语域的实际位置

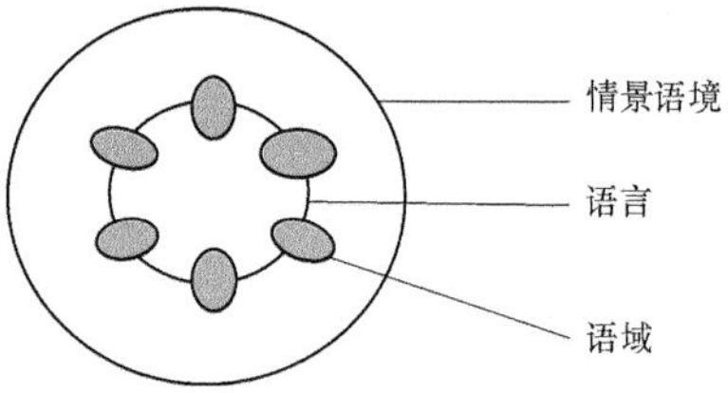

图 3－2　情景语境、语言和语域的关系

这样，我们可以设想，语域就是一个社会意义变成语义的过渡概念，其中既有情景语境的成分又有语义的成分，既有情景的一面又有语言的一面。语域就是指相关的情景语境和被情景激活的语义的结合。这样，Halliday 的语域思想，如语域是语言的功能变体，是一个语义概念，是与某一特定的话语范围、话语方式和话语基调情景组合相关的意义配置，是文化成员与某种情境类型联系的语义资源配置，是在一定的社会语境中可以理解的意义潜势等就可以得到很好的理解。而马丁等学者把语域等同于情景的思想就显得有些片面或不全面，值得商榷。

有学者认为语域是一个语义概念，它位于语言系统的语义层，而不是位于语义层之上的语境层（常晨光、陈瑜敏，2011：3；高生文，2012：35）。语义可以指广义的、抽象的和一般语言的语义系统。与此不同，社会语义学视阈下的语义是指具体的、有语境限制的语言的语义系统，是一种与特定情景类型有关联的意义潜势。从文献上看，Halliday 确实说过语域是一个语义概念，例如，他认为语域是通过和某一情景类型（situation type）相联系的意义结构（Halliday, 1978: 31）；“语域是一个语义概念，是与某一特定的话语范围、话语方式和话语基调情景组合相关的意义配置”（Halliday & Hasan, 1985: 38 – 39）；“语义描写就是语域描写”（Halliday, 1978: 114）等，他的语义概念指的是具体的、与特定情景类型有关联的语义。这两种语义的区分是意义的，不能混淆。

语域的两面性特征是语域最大的特点，是语域研究的基础。这对语域本质的正确认识是非常重要的。至此，我们完全可以提出一种语域分析的新思路：语篇语域分析不仅包括对其情景语境的分析，而且包括对语篇语义的分析，将二者结合起来才可能使分析充分，否则，难以避免片面性。

3. 语域的特点新解

如前所述，语域最大的特点就是其两面性，这也是研究语域的理论基础。此外，语域还有其他一些特点，这些特点对语域研究都有意义。

3.1　语域的历史性

语篇是一个语义单位，人们在社会交往中不断创作语篇，同时也不断在分析和理解语篇，也就是说，人们在不断表达意义和理解意义。语篇一旦产生，其社会实际情景语境就完成了使命，失去了存在的价值。情景语境通过作者的选择与语言结合，构成语域，以语域形式存在于语篇中。语篇在不同时代得到不断解读，其语域也不断被重建，最后成为经典，成为民族甚至人类文化的组成部分，成为人类文化的源泉，成为了人类取之不尽的思想之泉。这就是语域的历史性特征。

在创作中，作者建立的语域对语篇的措辞和表达起决定作用。语篇表达的是作者从情景语境中发现和选择并通过语言来表征的意义。在读者或译者重建这个语篇语域即理解语篇的过程中，重建的语域已经与作者初始的语域有所变化，注入新的内容。这个语域是读者或译者等重建后的语域，最后起作用的是这个重建的语域，不是作者的语域。语篇的语域如果经历多次重建的过程，作者的初始语域的作用会越来越小。语域的历史性是由语域的动态性或生态性决定的。

3.2 语域的动态性或生态性

语篇自创作以来，就被人们不断解读，语域不断重建。由于认知能力、目的、社会影响、时代价值、意识形态等不同，人们重建的有关语篇的语域也就有所不同，其中人们不断给语篇注入新的内容，打上个人和时代印记。这就是语域重建和语篇解读的价值所在，因此，语篇从创作到成为经典，再到成为文化，直到永远，就像一个生物体一样，不断成长，不断壮大。否则，语篇就只有一种永远不变的意义，就失去解读的价值，也就失去存在价值，这样，语篇就会死亡。因此，人类社会就没有变化，人类认知、意识形态就会停滞，最后自行消亡。

3.3 语域的主观性和客观性

语域是情景语境与语言的结合体，是人类对客观世界的认识和描写。情景语境的内容是人类对客观世界的主观选择。这些内容是客观的，不随人的意志转移的。而对客观世界的认识主体是人，对客观世界的认识和描述是受人主观因素的影响的，人们的目的、观点等不同，对世界的认识就不同。语域的建立、重建也一样，是客观与主观的结合，语域的不同就是情景语境的不同，实际上就是人的不同。正是因为人的参与，才使得世界变得丰富多彩，语域内容不断充实，语域研究应该重视对人的研究。

3.4 语域的显性和隐性

从作者的视角来看，语域是对情景语境和语言资源的选择，是通过语言对情景语境的理解，最后将语域沉淀在语篇之中。根据语篇对情景语境的依赖程度，我们可以把语域分为显性和隐性两种。对有的语篇，读者通过语篇自身阅读，或者通过词汇语法分析就可以理解，就可重建语域，这说明，语篇中情景语境和语言表达融为一体（conflation），语篇就是情景语境，或者说语篇建构了情景语境，语域呈显性化呈现。而有的语篇，只阅读文字表达，或只对语篇进行词汇语法分析理解不了它的意义，甚至误解作者的意义。这时，语篇的语义和情景语境是分离的（divergence），语域呈隐性呈现，读者必须将语义与情景语境联系起来，重建语域，才可以理解语篇。《论语》这样的典籍就是如此。马林诺夫斯基在南太平洋新几内亚特罗布兰群岛对当地土著语言进行语言考察时面对的语篇也是如此。脱离了语言交际的具体环境，要理解和翻译当地人说的话和使用的词是不可能的。语域从显性到隐性有程度的区别，可以构成一个连续体。

3.5　语域的有限性和无限性

客观世界是无限的，但由于语域具有主观性特征，建立和重建语域的主体的认知能力是有限的，因此语篇理解也有限。然而，语域的重建空间，即对语篇理解的空间或可能性却是无限的。

3.6　语域的复杂性

语域的两面性、历史性、动态性或生态性、主观性和客观性、显性和隐性以及有限性和无限性等特点使得语域的性质纷繁复杂，这就是语域的复杂性。其复杂性主要表现在语域的重建，或对语篇的理解上。语言和情景语境的变化都会导致语域的变化，都会增加语域重建或对语篇理解的难度。对于一个只懂现代汉语的人来说，对一个现代汉语语篇的理解总要比对一个甲骨文或文言文语篇的理解容易，对一个英语语篇语域的重建要比对一个现代汉语语篇语域的重建难度要大。其间的语域分析可能要经过多次重建才能达到目的，有的只涉及语内的多重重建，而有的可能涉及语际间的重建。以《论语》为例，一个懂现代汉语的读者如果对以文言文形式呈现的《论语》语篇进行理解，就需要参考许多现代汉语译文和注本，否则就不可能重建这个语篇的语域。如果读者是一个不懂汉语更不懂古汉语的英国人，情况就会更加复杂，其只能通过阅读该语篇的英译文来重建该语篇的语域，理解语篇。这个英译文的译者如果是英国人，那得看他是否懂汉语，懂现代汉语还是古代汉语。不管是哪种情况，这个英国读者重建的语域，都要经过多次重建的过程。应该说，在语域的重建中，经历的重建次数越多，对语篇的理解就越准确，译文就会越好。但是，需要说明的是，翻译中对所译原文或参考的版本选择很重要。如果原文或参考语篇的版本有问题，那译文就肯定会出问题，当然问题不是出在译者本身。这就是语域的复杂性。在中国翻译史上，我国近代著名翻译家林纾就不熟悉外文，他的英译汉、法译汉等翻译多数是经他人口头释义（或口译），他再据此释义用文言文进行翻译，他几乎把英美法等国所有文学名著都翻译成了汉语，其译作之多，涉及文种之广迄今无人出其右，其翻译中的语域重建过程就比较复杂，这可以看做语域复杂性的代表。

另外，语域的复杂性还体现在理解和表达的不一致性上：在创作或翻译中，作者或译者表达的内容有时不一定就是其从情景或原文语篇中理解的内容，也就是说语域有时会发生偏离。这种语域偏离有时是故意性的，是有意义的。

总的来说，语域的复杂性影响语域重建或语篇理解。语域重建会有时涉及多个重建过程，如语内重建和语际重建。有学者把前者叫做语内翻译（intralingual translation），后者叫做语际翻译（interlingual translation）（黄国文，2012：64－71）。

完善对语域特征的认识有益于语篇分析，加强把握语域功能有益于语域分析，二者均有益于对语域本质的认识。

4. 语域的功能新解

Halliday 认为语域主要有预测和衔接两种功能。我们认为，语域还具有自动调节功能、创新功能和社会功能。

4.1 语域的自动调节功能

从语言角度来看，有的语篇可能有两种或两种以上解读，存在歧义。如果把语篇放在一定的情景语境中看，这种歧义就会消失。这就是语言与情景语境结合的功能之一。有的语篇看上去杂乱无章，一旦把它与一定的情景联系起来，语篇就产生了连贯。即使语篇本身产生不了连贯，那也可能与语篇发出者的动机、身份、地位、素养等有关，这样，不连贯本身就是一种选择，是有意义的。

对同一个语篇，不同的人（同时代或不同时代）会有不同的解读。即使是相同的人，在不同时期、不同场合、因不同目的也会对同一语篇有不同的理解，会调节语域重建。归根到底，这都是语域在起作用，是语域构成部分的人在起作用。

语域是语言在使用中的意义，与社会活动有直接关联。我们说语域有自动调节功能，这并不是说语言和情景语境会自动结合，而是说其中起作用的是人这一语言的使用者。

4.2　语域的创新功能

语篇自产生以后，总会不断得到解读，语域也会不断获得重建，而且每次解读都会有新的发现，产生新的意义，这是因为语域具有动态性或生态性特征。语域的这种创新功能是基于语篇作者语域的，不能抛开作者，随意发挥。

4.3　语域的社会功能

语言的使用是为了社会交际，建立社会关系、交流信息、协调社会行为等，是一种重要的社会活动。语言表达的意义来自社会情景，社会就是一套符号。只有当社会符号，即社会意义，与语言取得联系，这些意义才得以存在，成为语域，最后投射到语篇中。语域建立和重建都是社会变化所致，而语域的调节和重建的主要内容又是对社会变迁、时代特征的反映。因此，语域发展和重建的历史就是社会发展的历史。这就要求语域分析不能只分析语言，还要重视对社会的意义，这样的语域研究才更有意义。

语篇的创作过程就是语域的建立过程，语篇的理解过程就是语域的重建过程。语域的重建是本章的一个重要概念。

5. 语域的重建

古希腊哲学家赫拉克利特（Heraclitus）有句名言，即：人不能两次踏入同一条河（北大哲学系外国哲学史教研室，1957：27）。这话虽然有些绝对，但还是有一些道理的。在社会交往中，每人每天都会创造出许多语篇，有口头话语也有书面文章，有朋友交往的谈话，也有正式场合的报告等，每个语篇一旦产生，其产生的社会实际情景语境就已完成使命，就已消失或基本消失。尽管社会语境的消失给人对语篇的理解造成很大的困难，但人们还是可以理解语篇的，因为语域具有预测功能。人们可以从语篇推测其产生的情景语境，使语篇与其情景语境取得联系，也就是说，人们会重建语篇的语域。理解语篇就是不断重建语境，从而不断重建语域的过程。重建的语域与创作的语域是同中有异的，其中，人的作用，即读者、译者或研究者的作用不容小觑，由于这个主体的作用，才使得语域重建有了可能，重建了的语域有了新意，如此不断，语篇就可能成为文化的一部分，这样，人不仅创造了经典，而且创造了文化，创造了历史。

5.1 语域重建的内容

以翻译研究为例，在翻译研究中，对原文语篇和译文语篇的理解就是重建原文语篇和译文语篇语域的过程。由于语域具有两面性，所以，语域重建包括两个方面的内容：一是语篇语义，二是情景语境，即社会意义。这两个方面的重建实际上是同时进行的，不可分割的。

5.1.1 语篇语义的解读

按照系统功能语言学的观点，语篇语义包括经验意义、人际意义和语篇意义。经验意义指语篇作者对情景语境中所发生的事的认识，包括对现实世界和内心世界的认识，涉及行为过程、参与者、环境因素等。人际意义是指语篇蕴含的作者对用语言表达的事件、人物及其关系、交际目的等的态度和看法。语篇意义指作者或译者如何用语言表达前两种意义，语言能为表达这两种意义做些什么，即语言组词成篇的功能。

我们可以通过词汇语法分析来解读语篇语域中的语义，从体现语义的三个系统来切入，分析语篇的及物性系统、语气系统、主位系统和信息系统及其结构表现。这里，可以适当引进目前系统功能语言学语篇分析中比较全面的分析方式，如黄国文提出的功能语篇分析方法，即六步法：观察

（observation）、解读（interpretation）、描写（description）、分析（analysis）、解释（explanation）和评估（evaluation）（黄国文，2002：25－32；2006）。

5.1.2 情景语境

Halliday 把情景语境概括为话语范围、话语基调和话语方式三个情景变量，简称语场、语旨和语式。话语范围指世界中发生的事，包括话题、动作者、目标、时间、地点等内容。话语基调指参与者之间的关系，包括参与者的地位、角色等关系，这里需要包含译者和研究者。话语方式指语言在交际中起的作用，包括交际渠道、媒介、修辞方式等。

Halliday 把情景语境的内容概括为三种，并纳入系统功能语言学体系，极大地提升了情景语境的可操作性。但三个变量在实际语篇分析中就不能这么概括和抽象，要根据具体语篇的情况，适当具体化，到底具体到什么程度，在下面的“语域重建原则”中讨论。有学者认为，情景语境三个变量过于开放，具有不确定性，不能对具体语域进行详细描写（Biber, 1994: 34）。这种批评似乎忽略了 Halliday 提出三个变量的目的和价值——三个变量只是系统进一步具体化的入口。在语境分析方面，哈桑（Hasan, 1995, 1999, 2009）、巴特（Butt, 2004）等学者的研究证明了这一点。

5.2 语域重建的方法和原则

5.2.1 语言方面

语篇层面的语义可以通过词汇、语法层次的分析得出。其中，及物性系统体现经验意义，语气系统体现人际意义，主位系统体现语篇意义。语篇的三种意义尽管可以单独分析，但实际上它们是融为一体的。

5.2.2 情景语境方面

对情景语境的重建相对较难，因为语篇产生的即时情景已经基本消失，尤其像《论语》这样的古典语篇。但语篇情景语境的消失并不是真正的消失，而是形式发生了改变，与语言、文化等结合，以语域和文化等形式存在于语篇和文化之中，这就是语篇为什么还可以理解的原因。下面讨论重建情景语境的主要方法。

（1）同样的事件和人际间的关系在社会交往中总是会在不同时期，不同地点或相同时期，不同地点，不同参与者之间不断重复出现，在历史变迁中最后变为文化成分，成为人们的共有知识。这些文化因素和共有知识是人们重建语境和理解语篇的重要途径之一。

这里需要说明的是，文化语境和情景语境一样在理解语篇或重建语域的过程中是起作用的，二者都对解读语篇起作用，它们的性质相同，因此 Halliday 把二者置于同一个层面上是合适的，认为二者之间存在系统和例示的关系是有道理的。

（2）相同情景语境通过不同的作者或译者的选择，即语域化，最后投射在不同的语篇之中，于是，这些语篇就有了互文性特征（intertextuality）。在读者阅读语篇时，它们可以相互参照，为语篇情景语境重建提供途径，也就是说，语篇也可以创造语境，这些相关语篇本身就可以视为其他语篇的情景语境。同类主题的其他语篇，尤其是权威性相关语篇，都可以为重建情景语境和重建语篇语域提供参考。

（3）作者或译者在语篇中提供的副文本，如绪言、注释、后题或跋文、附录、参考文献等，都是作者或译者为理解语篇提供的最直接的情景语境内容，可以成为语篇情景语境重建的重要内容。

（4）随着现代考古科学的发展，大量相关文物出土。这些文物是历史的真实记录和见证，也是重建有关典籍语篇语域的重要途径和手段。

5.2.3 语域重建的原则

语域重建是有限制的，不能随心所欲。重建的语域要可信、有价值，就必须遵守一定的原则。

5.2.3.1 正确性原则（rightness）

语篇一旦诞生，语篇就是唯一的，而读者可以有无数个。不同读者、同一个读者在不同时期或不同场合可以对语篇有不同理解，也就是说他们可以重建不同语域，而这些不同理解或语域重建的前提是承认语篇的正确性。语篇解读可能有误，但语篇本身永远正确，是理解的源泉，是语域重建的基础。

5.2.3.2　相关性原则（relevance）

语域重建中最主要的原则就是语域的相关性原则。一方面，所建情景语境的内容一定要与语篇的各种语义相匹配，发生的事，涉及的人，交流渠道和媒介，即话语范围、话语基调和话语方式三个情景变量要与语篇表达的语义，即经验意义、人际意义和语篇意义符合。另一方面，通过词汇语法分析的语义也要与情景语境契合。另外，重建语域的相关性还体现在语域重建的主体上。这个主体一定是具有相关知识和经历的相关人。

5.2.3.3　适量原则（sufficiency）

在重建语域中，情景语境和语篇语义的精密度越高越好。但在实际解读语篇中，我们应根据具体语篇来确定。大的原则是只要能将语篇语义与情景语境联系起来，情景使语义唯一化，既能消除歧义又能使语篇得体，语义使情景合理化，符合社会观念和社会文化。

5.2.3.4　合作原则（cooperativity）

在理解或重建语域过程中，读者或译者有自动适应或调节性。当读者译者看到一个表面上与情景语境关联很低的语篇时，他们应该设法使语篇与情景语境取得联系。只有这样，才能使语篇有意义，得到理解，如古典语篇《论语》。这种合作性或调节性有主观和客观之分，不同主体间的合作能力也有区别。

6. 结　　语

本章对系统功能语言学语域思想进行了新的思考，提出了一些新的研究思路。首先，我们对语域概念和本质进行了新的解释，提出了语域的两面性假设，在此基础上我们提出了语篇分析和翻译研究的新思路，即语域分析的新方法。其次，我们对语域的特点和功能进行了新的阐释。最后，我们提出了语域重建这一语域分析中极其重要的概念，并全面讨论了语域消失、语域重建的可能性、语域重建主体作用、语域重建内容、语域重建方法和原则等内容。这样，我们就对语域的概念、特征、功能有了新的认识，对语域分析的方法、内容、原则等方面提出了新的观点，提出了语域分析新的思路，为语域分析提供了新的理论支持。当然，本章的工作没有穷尽，很多内容有待进一步探讨。

第四章　语域视角的编辑模式

1. 引　　言

我国编辑学研究发轫于20世纪80年代中期，到如今已有近四十年的发展历程，其间尽管成果不断涌现，理论不断建构和发展；但总体而言，与其他相关学科相比，这门关于编辑的学科还没有成为真正意义上的学科，其理论基础、范畴、体系等还没有得到确立，理论抽象性还远远不够，其研究方法和研究方向也没有统一的陈述，理论探讨往往脱离编辑实践，泛空虚的内容很多，对编辑具体活动的描述又缺乏理论支撑，容易陷入主观式、经验式和点评式的窠臼。编辑是编辑学研究的直接对象，是编辑学最基本的概念，而学界和业界对这个概念还没有统一的认识，关于编辑的定义很多，这说明这个概念还需进一步概括和抽象，对编辑本质的认识还需进一步研究。编辑的思维是编辑活动的决定因素，没有思维的活动是不可想象的，没有编辑思维研究的编辑学也是不理性的。近年来，编辑思维对编辑学建设的重要性开始引起学界和业界的关注，研究集中在编辑思维的类型、特点、影响因素、转变、系统等，但还没有看到对编辑思维过程的研究。

另外，一种理论的发展应该以该理论本体研究为基础，兼收并蓄，从其他相关学科中广泛汲取合理的养分，以充实和完善自我。实践证明，从其他成熟学科中借鉴合理成分是所有成熟学科理论发展的必由之路，也是理论发展的捷径。学界和业界近年来也有学者尝试运用其他学科的理论来阐释编辑问题，如传播学、心理学、哲学、信息学等，但借鉴的数量有限。编辑的对象，即作者提供的一个个稿件，就是一个个语篇，语篇的思想是由语言体现的，编辑活动也是通过语言来实施的，编辑活动天生就与语言有关。因此，语言学的有关理论对编辑活动的研究肯定是有价值的。系统功能语言学是当今世界上最有影响的语言学流派之一，其创始人 Halliday（M.A.K. Halliday）认为，“创立系统功能语言学就是为了语篇分析，对任何语篇能说出合理的和有用的话。”（Halliday, 1994/2000: F41）系统功能语言学和编辑学有着同一的研究对象，即语篇或作品，系统功能语言学对编辑学应该有借鉴和参考的内容和意义。

本章拟从系统功能语言学语域理论视角，对编辑思维过程进行分析，试图提出语域视角的编辑模式，同时对编辑本质提出新的认识，希冀引起学界和业界对编辑思维研究的重视，同时对编辑学的建设和发展有所贡献。

2. 语域概述

2.1 系统功能语言学的特点

20 世纪 60 年代以来，语言研究的不同流派主要有两大阵营，即以转换生成语法为代表的形式语言学和以系统功能语法为代表的功能语言学。转换生成语法采用的是逻辑和哲学的角度，把语言看做是一系列抽象的结构，通过对这些结构的分析，建立起普通规则。语法被看成语言的基础，句法分析成了研究语言的主要目的，通过句子结构分析来研究语义的生成原理，即语言表层表达的不同是由语言深层结构的不同造成的，这些语言结构存在于人脑某个特殊区域，人的心智对人脑发出某个指令后，人脑会使这些结构通过逻辑推理演绎转换成合乎语法的句子，不涉及语言的使用、功能和社会语境。

与此相反，系统功能语言学以人类学和社会符号学为研究视角，把言语当做社会行为之一，把语言的使用作为语言研究对象，不仅对在一定具体社会交际中人们对语言选择的形式——语篇进行研究，而且对人们借用语篇来表达的语义进行分析，还对人们通过语言进行交际的情景语境，以及对社会交际行为有制约作用的文化语境进行考察。人们在交际中使用语言来表达自己的意图，并理解对方的思想，从而完成交流的目的。而交流目的是否完成，交际是否成功，主要取决于实际情景中语篇是否与语境相符。概言之，语言

（包括形式和功能）和语境（包括情景语境和文化语境）及其之间的关系是系统功能语言学研究的中心所在，是系统功能语言学语域分析的核心内容。正是因为注重语境与语言的关系，即注重语域的研究，才使得系统功能语言学与众不同，富有生气和活力。

2.2　语域思想

系统功能语言学创始人 Halliday 认为，语域是语言的功能变体（Halliday, 1999: 16）；是通过和某一情景类型相联系的意义结构（Halliday, 1978: 31）；语域是一个语义概念，是与某一特定的话语范围（field of discourse）、话语方式（mode of discourse）和话语基调（tenor of discourse）情景组合相关的意义配置（configuration of meanings）（Halliday and Hasan, 1985: 38－39）；语域形成了社会系统和语言系统之间的一个接口，其成分体现社会意义并由语言形式来体现（Halliday, 1978: 111）；语域是一个重要的中间概念，使我们能够描写语言中的语境变化。从例示（即具体语篇）一端来看，语域就是同类语篇的集合，是一种语篇类型，相反，从系统（即语言）一端来看，语域就是一个子系统（Halliday, 1995/2005/2007: 248）。概言之，Halliday 从社会符号的视角用语域这个概念把语境与语言联系起来，贯通了语境与语言的关系，同时打通了社会与语言的关系，从而解答了语言是如何使用的，即社会人（social man）是怎样通过交往成为社会人的这一系统功能语言学的核心问题。

2.3　语域的两面性假设

语域是系统功能语言学核心概念之一，Halliday 一直想阐释社会意义是如何通过语域流向或变成语义的。语域是一个联系语境和语言的中间概念。沿着这样的思路，语域就是一个社会意义变成语义的过渡概念，其中既有情景语境的成分，又有语义的成分，既有情景的一面，又有语言的一面（高生文，2014）。语域就是相关的情景语境和被情景激活的语义的结合，由相关情景语境和相关的语义组成，这就是语域两面性假设的主要内容。语域的位置以及与情景语境和语言的关系分别如图 4－1 和图 4－2 所示。

图 4－1　语域的实际位置

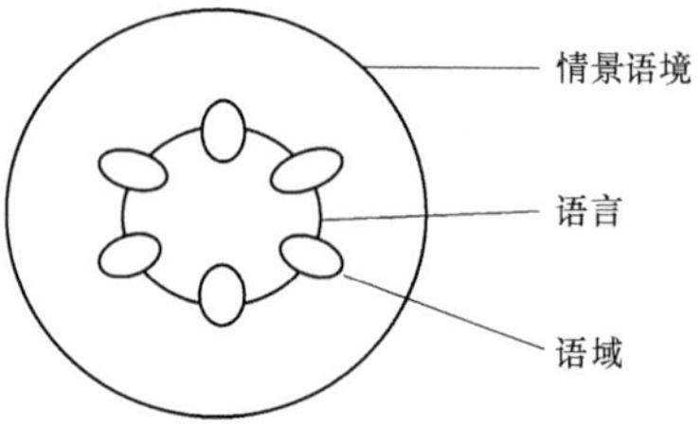

图 4－2　情景语境、语言和语域的关系

语域的两面性特征是语域最主要的特点，这就给编辑中的语篇（作品）和编辑活动分析，即选择和加工稿件，提供了新的思路：对语篇或编辑活动进行语域分析，不仅包括对其情景语境的分析，而且包括对语篇语义的分析，将二者结合起来的分析才全面。关于语域特性、功能及语域分析方法的具体讨论，笔者近年来发表的“翻译研究的语域分析模式”“系统功能语言学语域思想新解”“从语域理论视角看国际商务谈判口译”“语域分析与〈论语〉翻译研究”均有涉及（高生文，2011，2012，2013，2014）。

3. 语域视角的编辑模式

编辑活动（包括编辑思维）的对象是稿件，编辑活动的目的，是通过选择和加工把稿件变成既符合出版标准，又能满足读者需求的出版物；而稿件是由作者创作的，编辑和作者的关系实际上就是鱼与水、木与本的关系，没有作者也就没有编辑。因此，在讨论编辑活动之时，必须讨论作者的相关活动，这样讨论才更有价值。

语域是个语义概念，语域的不同在于语义的不同，是与不同情景语境相结合的意义的不同配置。语域分析是研究意义如何从情景语境流向语篇的方法。根据编辑活动中意义的不同来源，我们将编辑模式分为两种，一是编辑选稿模式，一是编辑组稿模式或策划模式，每种模式都由三个阶段组成，我们称之为编辑的三级语域模式。

3.1　语域视角的编辑选稿模式

3.1.1　一级语域模式——作者语域模式

这个模式中，作者首先根据自己的经验、目的、价值取向等从社会活动中发现了有价值的意义，这是作者对情景语境的理解和对社会环境或社会意义的判断和选择。我们可将作者理解到的这种情景意义叫做元意义（meta-meanings）、前意义（pre-meanings）或社会意义（social meanings）。这时，这些意义只是一种无形的存在。接着，作者用语言对这些意义进行表征或描写，把元意义与语言结合，情景语境与语言结合形成语域，于是，元意义就从情景语境流入语言，在作者的大脑中成为有形的存在，即成为语义，这时的语义就具有情景和语言两面性。然后，作者将这种以语域形式存在的具体的意义语法化，在词汇语法系统中进行相应的结构选择，即措辞（wording），最后再把这些语法结构音系化，这样，语义就进入语篇，以语篇的形式沉淀下来，成为可以阅读、视听、理解、交流的有形存在或事物存在，成为实实在在的作为例示的语篇或稿件。可以看出，情景语境是意义的源头，我们把情景语境与语言的结合，即元意义变成语义的过程称为语域化过程（registerialization）或语义化过程（semanticalization），即作者对情景语境的理解过程和用语言表达的过程，是作者创建语域的过程。这就是作者的语域模式，即情景语境＋语言=（对情景语境的）理解（＋表达）。这个模式中，意义是由作者从情景语境中发现并选择的。作者语域模式如图 4－3 所示。

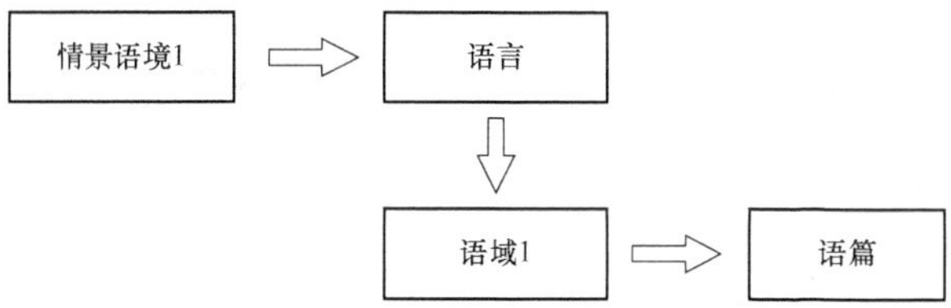

图 4－3　一级语域模式——作者语域模式

3.1.2 二级语域模式——编辑语域模式

作者创作结束后，将稿件交给编辑，语域进入第二阶段，即编辑语域模式。面对作者的稿件，编辑首先对其进行解码和审读，即理解，然后加入编辑自己的情景语境因素，创建新的语域。

编辑和创作主要的不同是意义的起点不同。创作中，意义来自情景语境，作者从情景语境中理解和选择了意义，并将其与语言联系，创立了语域，即图 3 中的语域 1。然后将语义包装到语篇中，情景语境发生形变，成为可以操作的存在，即语篇。而这一阶段的编辑过程主要有两个方面：一是理解原稿，一是编辑根据自己对情景语境的理解创建编辑语域。在理解语篇之中，语义不是直接来源于情景语境，而是来自作者提供的语篇，即稿件，编辑逆向将语篇分别与词汇语法和作者创造时的情景语境联系起来，从中对语义做出选择，重建作者语篇的语域，尽可能使这个重建的语域与作者的语域对等；然后，编辑会根据自己的情景语境，即编辑的认知经验、行业规范、专家审稿意见、编辑目的、读者需求等对作者的语域重新认识，创建自己的语域，即图 4－4 中的语域 2。

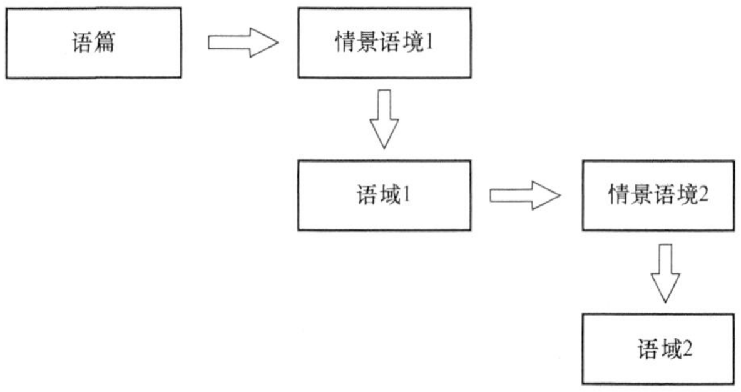

图 4－4 二级语域模式——编辑语域模式

3.1.3 三级语域模式——编辑对稿件判断的语域模式

编辑重建了作者的语域，即图 4－4 和图 4－5 中的语域 1，并对稿件进行理解，同时结合自己的情景语境创建了自己的语域，即图 4－4 和图 4－5 中的语域 2，这时，编辑把语域 1 与语域 2 进行比较，对其出版价值进行评估，对稿件的取舍进行判断和选择。稿件只有被编辑认可和接受，才能进入编辑和出版流程，最后成为符合编辑和出版规范、满足读者阅读需求的合格出版物，成为作品；否则，稿件只能是作者个人行为的成果，而不能成为被社会广泛接受的社会行为的成果。

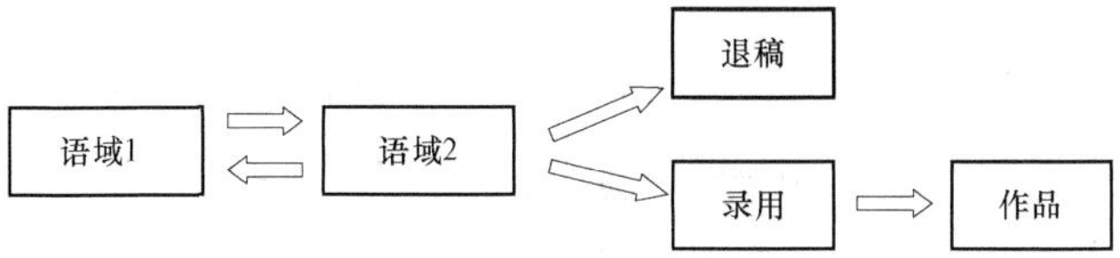

图 4-5　三级语域模式——编辑对稿件判断的语域模式

由于稿件中表达的语义，是作者从情景语境中发现和选择的，编辑是通过作者提供的稿件来理解语篇的意义的，另外，作者和编辑是创作和编辑过程中两个不同的主体，其世界观、价值取向、行为目的、认知能力等肯定有所不同，因此，作者创建的语域，即语域 1，和编辑创建的语域，即语域 2，不会完全相同。对准备采用的稿件，编辑就有必要就稿件存在的问题与作者沟通，帮助作者进一步完善稿件，其中，能自圆其说、符合规律的内容要保留，明显不足和错误的内容要改正，使稿件达到编辑要求。这里需要指出的是，在编辑过程中，编辑是编辑活动的主体，是稿件的选择者，对稿件的选择具有决断权，作者创建的语域与编辑创建的语域地位不同，作者创建的语域是编辑判断稿件的对象，而编辑创建的稿件语域，是编辑判断和选择稿件的根据，相比之下，对象远没有根据重要。这就要求作者创建的语域一定要与编辑创建的语域对等，前者只有与后者一致或对等，稿件才能顺利被采用，最后成为读者的阅读对象。而要求作者创建的语域与编辑创建的语域对等，又具有双向性。如果作者的语域内容较好，作者一定要设法证明和说服编辑，保留自己正确的内容，对于那些较差和错误的内容，那就必须诚恳接受编辑的建议，坚决改正。从编辑的角度看，编辑要想在编辑活动中成功，就必须努力提高自身的学术和专业素养和水平，提高自己学术和专业的鉴赏力、敏感性和判断力，兼学术和专业专家能力于一身，这样才能对稿件做出科学合理的判断；同时编辑一定要有良好的职业道德修养，为社会编辑和出版优秀的作品。对作者的稿件，要择善而从之，对作者正确的内容，要予以肯定，差的和错的内容一定要杜绝，同样，对自己的思想和意见，只要是对的，一定要坚持，错的就要勇于放弃。这样，经过编辑与作者良好沟通和协调，稿件的思想内容和综合质量才能进一步提高。

3.2 语域视角的编辑组稿模式或策划模式

这个模式也由三个阶段组成。与编辑选稿模式比，这个模式中的一级语域模式比较复杂。编辑组稿或策划与编辑选稿的不同在于意义的源头。这个模式中，意义是由编辑首先在情景语境中发现和选择的。编辑将这些元意义与语言结合，创建了语域，即图 4－6 中的语域 3，然后编辑根据市场需求，策划出适合读者需要的选题，并把这个选题提供给合适的作者。作者会根据自己对情景语境的理解，创建自己的语域，即图 4－6 中的语域 4，最后作者将语域语法化和音系化，完成选题的实施，把语义包装到语篇中。编辑组稿模式或策划模式如图 4－6 所示。

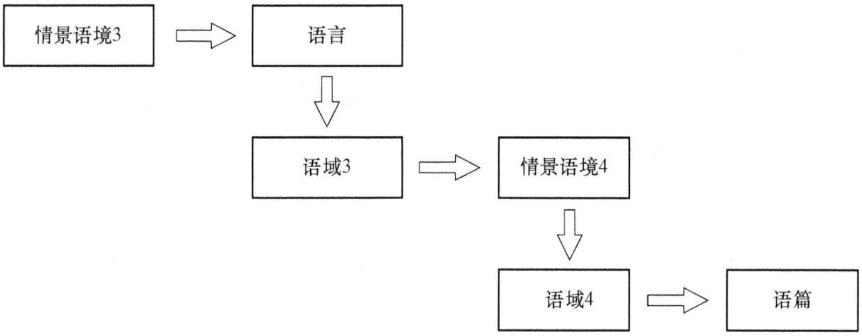

图 4－6　一级语域模式——编辑＋作者的语域模式

作者完成创作，将稿件提交给编辑，于是语域开始进入第二和第三级模式。编辑组稿模式或策划模式的二级和三级语域模式与编辑选稿模式一样，这里不再赘述，只是在这个模式中为了行文方便，编辑创建的语域和作者创建的语域分别标示为语域 3 和语域 4。

4. 讨　　论

由以上分析可以看出，创作的过程，就是创建语域的过程，编辑的过程，是重建作者的语域，再创建编辑自己的语域，并对这两个语域进行比较的过程。在编辑语域发展的三级模式中，编辑总会根据个人的世界观念、价值取向、目的等来重建作者的语域，即理解稿件，同时在作者语域的基础上，给作者提供的语义增加新的内容，注入新的意义，并通过与作者沟通，最后使作者创建的语域与编辑创建的语域取得一致，以保证作品成为真正先进思想文化的代表。这就要求编辑过程中，作者创建的语域与编辑创建的语域对等。换言之，稿件要想进入编辑出版流程，最后成为作品，就要求作者语域与编辑语域对等，二者的对等应是绝对的，否则，稿件就只能是个人创作，不会变成作品，即出版物。作品出版后，随着时间的流逝，社会的发展，读者阅读趋势的变化，作者和编辑又往往能从这些变化的情景语境中，发现新的意义，为已有作品重建和创建新的语域，赋予作品新的意义，作品不断修订和再版。使语域三级模式不断重复，这样，作品的意义不断创新、成长和流传，作品最后可能成为经典，成为文化的组成部分，《论语》等儒家经典就是很好的例证。要求作者和编辑创建的两个语域绝对对等，并不是说一切都以编辑的语域为准，而是这个对等可以具有双向性，即作者的语域与编辑的语域之间以较好者为标准，较差者或有误者要向对方对等。由于作者和编辑是创作和编辑行为的不同主体，其观念、目的、价值取向等不可能完全相同，因此他们对意义的认知和理解以及他们创建的两个语域也就可能不同。作者的语域肯定与编辑的语域有偏离，但这些偏离不一定就都是错的。如果作者的语域是正确的，编辑就应根据自己和审稿专家等的意见对此予以肯定，择善而从之，同时，修正自己的语域；相反，如果作者的语域不是最好的或是错的，就得以编辑的语域为准，对作者自己的语域进行修正，这就是我们说的语域对等绝对中的相对性。两个语域对等的过程实际上就是一个通过编辑与作者有效交流和协调使语域最后得到优化的过程。只有在作者和编辑共同努力，通过反复细致的沟通和协调，作者和编辑创建的两个语域取得一致，达到对等，之后，作者按照编辑和审稿专家等的意见通过对稿件认真合理的修改，才可能使稿件达到编辑的要求，稿件才能被录用，从而进入编辑和出版流程，最后成为正式出版物。这样，作者和编辑才能为读者不断创作和编辑出优秀作品，传播优秀文化知识。

通过讨论可以看出，编辑过程就是一个不断创建、重建和再创建语域的过程，就是一个语义形成、发展和流传的过程，是一个经典创作、提高和发展的过程，是一个文化传承和发展的过程，因此，编辑就是编辑意义，编辑的本质是意义，编辑就是因为能为社会发现、完善和提供优良的意义而得到社会的尊重和认可的。语篇，即稿件，是意义的体现形式，因此，系统功能语言学创始人 Halliday 认为，语篇是一个语义单位（Halliday & Hasan, 1976: 2），是一个语言的使用单位。

5. 结　语

本章从系统功能语言学语域视角，对编辑过程中意义的形成、流传及其表现形式进行了讨论和描写，提出了两个语域视角的编辑模式：语域视角的编辑选稿模式和语域视角的编辑组稿模式或策划模式，并对其中编辑思维活动过程进行了详细分析，从而对编辑过程和编辑本质进行了新的认识。编辑过程就是一个语义发生、发展和优化的过程，是一个使作者语域（语义），即稿件优化的过程，进而提出编辑的本质是意义，编辑就是编辑意义的论断。

编辑要想不辱使命，不断为社会编辑出优秀的作品，就必须不断提高自己对政治、思想、文化及业务的修养和敏感性；同时要尊重知识，尊重科学，尊重作者，成为作者知心的朋友和知己，编作一心；此外，还要虚怀若谷，既要善于发现和肯定作品优秀的特质，勇于承认和修正自己差的和错的思想，又要坚持原则，坚持自己正确的思想和判断，使作者心悦诚服地修正自己的思想，这样，才能使稿件和作品得到优化，才能使编辑和作者一起提高和成长，才能成就作者，成就自己，才能最后赢得读者，传播文化，促进社会进步。因此，编辑的历史，就是一部语域（意义）优化和流传的历史，一部思想和文化传播的历史，一部促进社会进步和发展的历史。

第五章　语域视角下学术期刊编辑对稿件的判断和选择

1. 引　　言

学术稿件是学术期刊的生命，组稿和投稿是学术期刊稿件的主要来源，对稿件的判断和选择是学术期刊编辑最主要的编辑活动之一，它决定着学术期刊的质量和发展。学术期刊编辑如何判断和选择稿件自然是编辑学、编辑出版学等学科研究的核心命题之一，对这个问题的研究既有很高理论价值，又有很高实践价值。然而，业界和学界对这一重要命题的研究还不多。在中国知网文献检索系统上分别以“学术期刊、编辑、稿件判断和选择”“学术编辑、选稿”“编辑、选稿”几组主题词进行检索，分别找到 123 条、71 条及 545 条检索结果，与此主题相关的分别只有 10 篇、9 篇及 26 篇论文（不分学科和专业），其中，重要的研究有刘庆昌（2015）、裴栓保（2014）、张满丽（2014）、杨栓保（2011）等。这从某个角度说明这一命题还没有引起业界和学界应有的重视，而且，已有的研究多数是从不同角度对具体编辑活动进行的主观式、经验式或点评式的归纳和描写，对“应该做什么”讨论多，对“怎么做”和“为什么这么做”讨论少，对一些基本概念和研究内容的认识还没有统一，观点还缺少理论支撑，研究的系统性和理论性有待提高。本章尝试从系统功能语言学语域理论视角对学术期刊编辑对稿件的判断和选择这一重要命题展开讨论，旨在引起学界和业界对此命题研究的重视，为学术期刊编辑的编辑活动提供指导，并为编辑学、编辑出版学等学科研究提供一个新的研究视角。

2. 语域简述

系统功能语言学语域理论重视语言使用的研究，语域研究不仅涉及语言本身，而且涉及语言使用的环境，即语境，还涉及语言和语境的关系。正是由于对语言和语境及其之间关系的重视，使得系统功能语言学与众不同。

系统功能语言学认为社会是一个符号系统，语言是其中符号系统之一，语言是一种意义表达和创造的措辞资源系统（Halliday, 2013: 21；Halliday & Matthiessen, 2014: 49；Matthiessen, 1995: i）。语言内有三个层次：语义、词汇语法和音系，语言外有一个层次：语境。符号层际之间存在体现关系（realization），即内容和表达关系，其中语义体现情景语境，词汇语法体现语义，音系体现词汇语法。情景语境由三个变量组成：话语范围（field of discourse）、话语基调（tenor of discourse）和话语方式（mode of discourse）。话语范围指情景语境中实际发生的事或社会行为；话语基调指行为的参与者，包括其社会地位、角色、交际目的等；话语方式指语言在交际中起的作用，包括媒介、渠道和修辞方式。情景语境三个变量分别由语篇的三种意义体现，经验意义体现话语范围，人际意义体现话语基调，语篇意义体现话语方式；这三种语义又分别由词汇语法中及物系统、语气系统和主位系统体现。语境包括语言使用的直接环境——情景语境和对语言使用有制约作用的文化语境，语言包括作为系统的语言和作为语篇的语言，即语言和语篇。符号层内之间存在例示关系（instantiation），文化语境和情景语境、语言和语篇分别属于语境和语言的同一层次，情景语境和语篇分别是文化语境和语言的示例，文化语境和语言分别是情景语境和语篇的规则、规范、理论、系统和潜势（potential）（Halliday, 1992: 25; 1999: 8）。系统和示例构成一个渐变体（cline），文化语境和情景语境、语言和语篇分别处于系统—示例渐变体的两端，它们分别是从不同视角考察的同一现象。其中，民族文化、时代意识、法律法规、学科规范等都属于文化语境的范畴，是文化语境系统的次系统，而各种具体的社会活动，包括具体学术研究都是情景语境的内容。语义和词汇语法属于语言系统的范畴，语篇是示例。

系统功能语言学创始人 Halliday 认为，语域是语言的功能变体，即使用变体，每个人都有大量这样的变体，在不同时候在这些变体中做出相应的选择（Halliday, 1964: 75 – 69）。语域是社会系统和语言系统之间的一个接口，其成分体现社会意义并由语言形式来体现（Halliday, 1978: 111）。语域是一个语义概念，是与某一特定的话语范围、话语方式和话语基调情景组合相关的意义配置（configuration of meanings）（Halliday, 1985: 38 – 39）。语域具有两面性特征，既有情景的特征，又有语言的特征（高生文，2014，2015，2016：72）。

语域实际上就是在一定的情景语境中选择并用一定语言表征的意义，处于语言的内容层和系统的一端，是语言的一个次系统。在一定情景语境中选择的特定的意义通过语言的表征成为语义，即语域，语义再通过词汇语法的表征才最后成为语篇，成为可以供读者阅读的作为文化产品的语篇。情景语境是意义的源头，情景语境的变化必然导致语域的变化，最后导致语篇的变化，情景语境决定语域，最后决定语篇。Halliday 的语域研究打通了社会与语言的关系，为语言如何表达意义的问题找到了答案，为语篇分析和评价提供了方法，指明了方向，具有战略性意义。

3. 学术期刊编辑对稿件的判断和选择

学术论文（即学术期刊稿件）是体现学术研究成果的语篇。作者根据整个学科发展态势和研究现状这个文化语境的要求，在具体科研活动的情景语境中发现并选择了有研究价值的意义，这个意义与语言系统结合，形成语义，创立语域，然后再通过词汇语法进入语篇，成为有形存在。其过程是从文化语境到语篇，即从系统到示例。语域创立过程如图 5 – 1 所示。

编辑是稿件发表前的读者，面对作为学术产品的稿件，首先把语篇与语言系统联系，通过词汇语法解读语篇表达的语义。语篇与语言系统联系可以揭示语篇能表达什么意义，这时的语篇具有多义性、歧义性和隐喻性，要想确定作者实际表达的意义，判断作者创建的语域是否成功，必须使语篇与情景语境和文化语境联系，重建语域。其过程与语域创立正好相反，是从语篇到文化，即从示例到系统。语域重建的过程如图 5-2 所示。

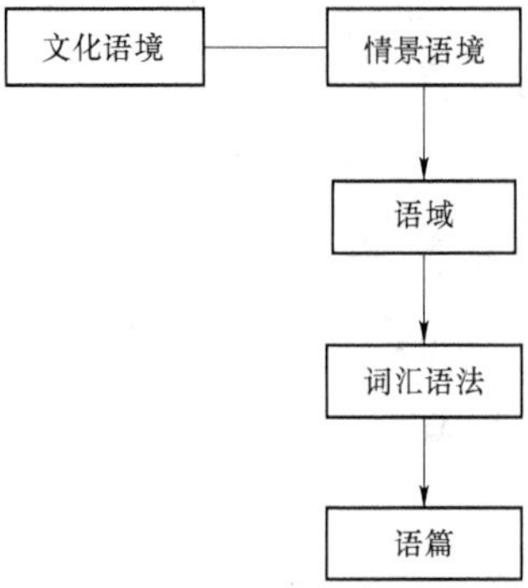

图 5-1　语域创立过程

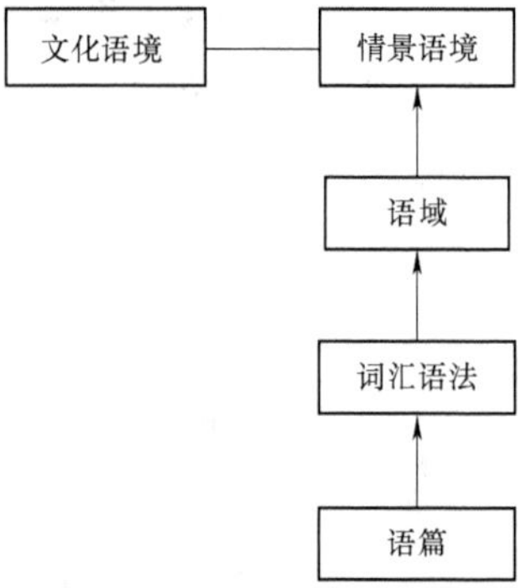

图 5-2　语域重建过程

简言之，对稿件的判断和选择其实就是一个先把作者创立的语域与编辑重建的语域进行比较，然后做出选择的过程，判断是手段和前提，选择是结果。在这个过程中，编辑是判断和选择的主体，编辑重建的语域成了判断和选择的标准和规范，编辑以此为基础来检查作者创立的语域是否很好地体现了其学科研究，研究是否有价值。这就要求作者创建的语域一定要与编辑重建的语域一致，否则稿件就永远只是个人创作，不能成为公之于众的学术成果。如果作者创立的语域与编辑重建的语域完全一致，稿件就会被录用；如果基本一致，稿件就得以编辑重建的语域为标准，按照编辑的建议修改，然后被录用；如果不一致，稿件就会被退稿。下面，我们从语域理论出发，对编辑对稿件判断和选择的具体方法、步骤、内容等进行分析。

Halliday 还认为：“任何语篇分析都有两个不同层次的目标。较低的层次是掌握语篇本身的意义；通过语言分析来说明语篇是怎样表达意义和为什么会表达那样的意义。这种分析可揭示语篇的多义性、选择性、歧义性、隐喻性等。如果分析基于一定的语法体系，这个层次的目标总是可以达到的。更高层次的目标是对语篇进行评估；通过语言分析可以说出为什么某一语篇达到（或没有达到）它的目的，在哪些方面这个语篇是成功的，在哪些方面是失败的或不是很成功的。这个目标很难达到，它不但需要对语篇本身的解释，而且还需要考虑到语篇的文化语境和情景语境，同时还要探讨语篇与语境之间的关系。”（Halliday, 1994/2000: F41）编辑对稿件的判断和选择就是先从语言层面对稿件表达意义的分析，然后结合语境对稿件进行评估，最后做出选择的过程，这其实就是对稿件进行语域分析的核心内容和根本方法，即既对稿件进行语言分析，又对稿件产生的语境进行分析。因此，编辑对稿件的判断也有较低和较高两个层次。

如前所述，作为系统的语言是语篇表达语义的资源，是作为示例的语篇的规范，因此，对稿件较低层次的判断是从语篇出发，把稿件与语言系统联系，把示例与规范比较，从稿件行文是否规范，措词是否得当，衔接是否流畅，逻辑是否清晰等方面入手对稿件进行判断。这个层次的判断主要是语言表达层面的判断，只要编辑有足够的阅读能力，借助词汇语法，这个层次的判断是比较容易做到的。

较高层次的判断就是对稿件进行语域判断，这就不仅涉及语言，还要涉及语境。这个层次的判断又有由示例到系统、由具体到抽象四个方面的内容。编辑首先得把稿件与作者创作的情景语境，即科研活动相联系，根据话语范围、话语基调和话语方式重建作者或稿件的语域，消除歧义，疏通隐喻，解读稿件表达的实际意义，包括研究主题、过程、方法、目的、结论等。然后再与作为系统的文化语境联系，把编辑重建的语域与学科规范、学科系统、学科理论、学科知识、学科研究方法和技术、学科表述形式等文化语境次系统联系和比较，对稿件的学术性做出评价，主要看稿件所用概念、理论基础、研究范畴、研究方法、表述方式、整体结构等与学科规范和系统是否相符。学术性是学术稿件的基本属性和要求，稿件只具有学术性是不够的，是没有生命力的。其次，我们知道，作为文化语境次系统的学科规范和理论系统是由作为情景语境的科学研究活动积累和例示的，每一项科研活动的价值就在于在前人研究的基础上有所突破和创新，即站在学术前沿，推动学术进步，任何重复前人的科研活动都是没有必要的，对学科系统的发展是没有意义的。作为语篇的稿件直接体现作为情景语境的科研活动，科研活动的创新性是学术稿件的生命源泉，创新是稿件价值的核心，如果语篇只有一种永远不变的意义，就失去了存在的价值，失去了生命，就会“死亡”（高生文，2013，2016：72）。当然，没有创新的稿件对学科系统的发展就没有贡献。稿件的创新性主要从稿件的主题、方法、技术、概念、理论、结论等方面是否有创新来考察。再者，在系统—例示渐变体中，社会意识形态次系统比学科次系统更加抽象，更接近于系统一端，对学科系统和学科研究有更大制约作用，因此，学术稿件也要体现时代意识形态和价值观念，必须与时代主流意识一致，即稿件不能有与时代意识和价值观念违背的内容，不能有政治问题，这是稿件一定不能触犯的意识红线。对稿件的政治意识考察主要看稿件体现的意识是否与四项基本原则相符，与党的路线、方针和政策相符，与国家宪法、法律和法规相符，与社会主义核心价值观相符，与为人民服务、为社会主义服务的出版方针相符。概言之，意识形态是社会行为的纲领和方向，对学科研究和学术论文的制约较大，任何有政治问题的稿件，无论如何都是不能被选择的。

上面我们从系统功能语言学语域理论视角对学术期刊编辑判断和选择稿件的过程进行了阐释，揭示了稿件判断的方法和内容，包括判断对象、判断标准或依据、判断的目标、判断由低到高的价值等。同时这也对稿件判断和选择的主体，即编辑能够实施判断和选择行为的前提条件或资格提出了要求。编辑是编辑活动的主体，是稿件判断和选择的具体实施者。通过以上分析，我们可以看出，编辑要想对稿件做出正确、公正的判断和选择，就必须对对稿件有限制和规范作用的系统熟悉，即对语言系统和文化系统都十分了解，对作者（也是学科研究者）从事研究的学科理论和研究活动熟悉，必须是有关学术领域的专家，同时，对时代意识形态必须了然于心。因此，编辑学者化（颜帅，1994；王晚霞，2014）、专家化的要求不仅应该，而且必要，只有这样，编辑才能胜任编辑工作，任何与此有悖的观点和行为都是不负责任的、有害的。

4. 结　语

语域是系统功能语言学核心概念之一，语言、语境及其之间的关系是语域理论研究的主要内容。文章基于对文化语境和情景语境、语言和语篇、语言和语境之间关系、语域两面性特征、创立语域及重建语域过程的分析，对学术期刊编辑如何判断和选择稿件这一编辑学、编辑出版学等学科核心命题进行了讨论，指出了学术期刊编辑对稿件判断包括较低和较高两个层次的内容，即语言和语境两个方面，且层次越高，判断的价值越大；明确了稿件判断的对象和标准，编辑对稿件的判断不只是对稿件语言本身的判断，更是对稿件背后情景语境——学科研究活动，和文化语境——学科理论、意识形态的考察；提出了对稿件判断的具体方法，即以语言系统和文化系统为标准和依据，把编辑重建的语域与语言系统和文化系统联系和比较，重点阐释了通过学科规范和理论、意识形态两个文化次系统来判断稿件的学术性、创新性和政治性，学术性、创新性和政治性是体现学术稿件质量的核心内容；同时揭示了编辑学者化和专家化的合理性和必要性。

第六章　话语基调视角下学术期刊编辑身份研究

1. 引　言

国内学术期刊多被归口在主办单位科研部、宣传部等管理职能部门之下，被称为教辅或研辅单位，相应地学术期刊编辑（为行文方便，学术期刊编辑在下文简称学术编辑）被定义为非教学人员或非科研人员，即教辅人员或研辅人员。在学术成果认定、岗位聘任、职务晋升等方面被作为“二等公民”区别对待，高校等单位对教学科研人员的利好政策与学术编辑没有关系，同样的学术成果只认可教学科研人员的，编辑的不算或降格确认，甚至只认编辑领域的成果，不认相关学术成果，其话语权几乎缺失，个人职业发展空间受限。学术编辑的作用、地位和重要性没有受到应有的重视，学术编辑边缘化趋势明显。

在中国知网等数据平台上以“编辑”“学术编辑”“高校学术编辑”等主题词进行检索，可以发现，涉及期刊质量提升、发展趋势、竞争力、国际化、发展战略、改革思路等方面的研究多，涉及学术编辑这个编辑活动具体实施主体的研究少，并且，研究主题多为学术编辑的素养、职责、坚守、使命、敬业、倦怠、不足、服务等（吴美英，2017；刘莉，2015），从不同角度对编辑职业和从事编辑活动提出了各种要求；而涉及编辑作用、工作性质、社会地位、职业发展、公正待遇及其他关于编辑这个编辑活动主体合理，科学评价和认可的研究十分罕见。

以上两种现象足以说明一个问题：无论是学术期刊界还是期刊主管单位，对学术编辑的身份、作用、角色等都缺乏认知，也可以说认识不清，且两者在某种程度上有一定因果关系。毋庸置疑，学术期刊发展的蓝图、规划和实施的主体一定是编辑，讨论期刊发展、编辑学建构，绕开活动主体——编辑来谈，是不科学的、片面的。编辑主体研究的进一步深化已经成为编辑学和编辑出版学研究迫在眉睫的重要命题。

文章从系统功能语言学话语基调的角度对学术编辑的身份、地位等主体性展开讨论，试图阐明学术编辑在学术研究和学术成果转化中不可替代的作用，确立学术编辑的地位，指出“守门人”“把关人”“中介”等用于对编辑的称呼并不恰当，为学术编辑正名，并提出对学术编辑评价的基本方法和原则。同时，希冀引起编辑学和编辑出版学界对编辑这个主体研究的重视，为编辑学和编辑出版学研究提供新的视角，从而有所贡献。

2. 话语基调简述

话语基调（tenor of discourse）是系统功能语言学语境研究的一个重要概念，指社会活动中的参与者、参与者之间的关系、角色、地位、距离、情感、目的等内容（Halliday & Hasan, 1985: 12）。由于人的百科知识、认知能力、交际目的、价值观念、思想意识等不同，人们对所参与活动的认知、主动性、作用、角色、身份、贡献等就会不同。话语基调决定人际意义的评价、选择和表达，决定社会交际的成功与否，决定人对自己和事物的认识和评价，从而影响个人和事业的发展，影响社会的和谐和稳定，影响社会的进步和文化的发展。“正是由于情景语境中话语基调，即人的因素，语域和语篇才有了生命，就像生物体一样，不断成长，不断发展，语篇最后成为经典，成为文化的一部分”（高生文、何伟，2017）。

学术编辑是学术期刊编辑出版过程中的主要话语基调，要保证学术期刊的质量和发展，学术编辑必须是有关领域的学者和专家，这一点已经得到学界和业界多数学者的认同（高生文，2017a；颜帅，1994；王晚霞，2014）。下面我们来考察学术编辑在整个文化生产过程中的话语基调。

3. 学术编辑在文化活动中的作用和身份

学术编辑从事的是一种文化创作和传播活动，在整个活动过程中，其角色、目的、作用等决定其在活动中的身份和地位，进而影响活动的质量和结果。

3.1　意义的发现和表达——语篇（学术论文）前创作

学术编辑既是有关领域学术研究者和学术专家，同时又是编辑领域的学者和专家。在相关领域的学术活动中，如果学术编辑根据自己的学术经验，首先发现、判断和选择了有学术价值的意义，通过对这个学术意义在具体学科研究的重要性的把握，再结合学术期刊对学术论文的要求，用语言表征，创作出学术论文，论文在相关领域的学术期刊刊发，其成果得到社会的认可，这时，学术编辑就是一名名正言顺的学者和作者。在这种情景语境中，学术编辑是学术活动的主要话语基调，是学术意义的发现者，其地位具有权威性。

如果这个有学术价值的意义首先由学术编辑发现，但由于种种原因，学术编辑未能独立把这个发现创作成学术论文，而是通过评价和判断，选择了一位或几位研究兴趣相同、学术水平一流的学者或专家，并与他们一起来把这个学术意义用语言表征，创作成学术论文，则其间，学术编辑是主要话语基调，其社会作用和地位高于论文其他作者，其社会距离近，关系融洽，目的一致，最后创作出来的学术论文是学术编辑与作者合作的成果。这时，学术编辑既是学术意义的发现者，又是论文的组织者和创作者，其地位高，具有权威性。

如果学术意义是学术编辑首先发现的，但学术编辑自己没有创作论文，而是对这个学术意义根据学术规范和学术期刊规范进行概括和提升，形成学术选题，再根据这个学术选题的特性，对学界诸多学者和专家进行评价，选出合适的人选，通过组稿或约稿的形式，把这个选题的学术价值、理论框架、论证思路、研究方法、拟达到的结果等信息告知所选学者和专家，由所选作者完成学术成果的语言表述，形成学术论文，这时学术编辑是学术活动的主要话语基调之一，是学术意义的发现者，创作过程的操控者、组织者和协调者，是学术成果的联合创作者，其地位高于作者，或与作者的地位平等。

如果学术意义首先由相关学科的学者发现，论文也是作者独立完成，则在这个过程中，作者是学术活动的主要话语基调，是意义的发现者，同时也是意义的表达者，地位高，编辑没有参与其中。

3.2 意义（稿件）的评价、判断和选择——语篇中创作

学术论文写作的过程中，作者是主要的话语基调，作者是学术意义进入语言，最后流入语篇的施事者。学术论文的完成，其角色、地位、社会关系等就会改变。学术论文作为学术期刊出版的内容，不论以什么方式呈现，最后都得与学术编辑见面，论文的质量是否达到学术期刊刊发的水平，这得由学术期刊的编辑来评价和确定，学术编辑是稿件评价、判断和选择的主要话语基调。

学术编辑把语篇与语言和语境系统联系，从语言、科学性、创新性、意识形态、价值观念等由低到高的各个层次对稿件进行审视。语言方面，主要看稿件语言是否规范、措辞是否得当、逻辑是否清晰、衔接是否紧凑等；科学性方面，主要考察其概念、理论框架、研究方法等是否与学科规范一致；创新性主要审查研究是否在观点、方法、技术、理论等某个方面打破了原有的学科规范和学科系统，对学科建设和发展有推动作用，使研究具有很高的学术价值；意识形态和价值观念是语境中比学科规范更接近文化系统的内容，对人类活动的制约性更大，论文绝对不能与社会主流意识形态和价值观念不一致，绝对不能有政治问题。关于学术编辑如何判断和选择学术稿件，我们已经有了论述，这里不再赘述。

学术编辑对稿件判断和选择大约有三种结果。第一种，理想的结果是，稿件在学术性、创新性等诸方面都与学术编辑的规范和标准一致，稿件被录用，这种情况少，但也是可能有的；第二种结果是，稿件在学术性、创新性等方面都基本达到了学术编辑的要求，在语言表述等低层次方面稍有不足，稿件被退改，直至符合要求后，才能被录用；最后一种结果是，稿件在主要方面完全或基本不符合学术编辑的要求，稿件就被退稿。

在对学术稿件的评价、判断和选择过程中，学术编辑成了社会和学术的代表，其身份进一步提升，由学者和专家提升为学术成果的评价者和裁决者，就是学术的规范、标准和尺度，对学术成果的转化全权负责，为社会发展发现优秀的学术意义，其社会地位高，具有绝对的权威性。

对一些重大稿件的判断和选择中，有时为了评价和判断更加科学、客观和准确，学术编辑往往会采取聘请相关领域的一名或几名学者和专家，一起对稿件进行匿名审稿。在这个匿名审稿的过程中，编辑是审稿的组织者，是稿件评判的责任人和最后的决断者，其社会地位具有权威性；审稿专家的意见只起参考作用，审稿专家是辅助者，处于从属地位，对稿件的评判没有决断权。因为审稿专家对学术稿件的采用与否、对期刊的质量等没有责任负担，加上其个人学术兴趣、学术水平等主观因素影响，其审稿的态度和质量不见得都很理想，因此，一味地依靠专家的意见来为学术期刊评选稿件的做法是不可取的。

3.3 意义（稿件）优化——语篇后创作

通过对稿件的评价和判断，学术编辑对稿件的学术价值已经有了了解，同时对稿件在行文规范、学术性、创新性等方面存在的不足也是清楚的。学术编辑会把稿件中存在的不足和修改意见告知作者，要求作者按要求修改稿件，并按规定时间完成修改。稿件修改的过程实际上是一个稿件优化的过程，是一个把学术编辑学术思想、学术规范等注入稿件的过程。这个过程中，创新思想的源头是编辑，编辑是学者、专家、学术思想的提供者、稿件评价者、稿件决断者，其社会地位高，具有权威性；作者是学术思想的接受者、稿件的修改者，处于从属地位，稿件的修改一定要按学术编辑的思想和要求来进行，不按要求修改稿件或达不到要求的修改是无效的，后果是可想而知的。从学术思想的来源和表达角度看，学术编辑在某种程度上也是学术稿件创作者之一。

同样，作者改稿完成后，稿件进入编辑加工流程。原稿是作者创作的初始形态，原稿必须经过编辑创造性的编辑加工、打磨、润色、包装、提升等才能公布于世，成为学术成果。学术编辑根据学术期刊的办刊宗旨、期刊特色、稿件的重要程度、学术规范、编辑理念等安排稿件的栏目、次序，设计标题、段落、图表、页眉、页脚等表现版式，同时仔细审读原稿，检查标题是否概括精炼，行文是否规范，数据是否真实，引文是否准确，参考文献是否规范，图表是否科学，结构是否合理，概念是否准确，标点和文字是否正确等。这个过程是一个对原稿学术化和规范化的过程，给稿件披上了学术、规范和合法的外衣，其间对编辑的要求是极高的，是编辑思想意识、学术水平、知识储备等综合素养的集中体现。与学术著作的出版不同，学术期刊的出版是一条单行线，稿件一旦经编辑之手发表，其中的问题是没有机会修改的，其创造性劳动和贡献是隐性的，但一切责任都会记在编辑的头上，是由编辑承担的，学术编辑是这件外衣的设计者和创造者，其社会地位高。

3.4 意义的传承和人才培养——语篇（学术论文）价值的实现

读者是学术成果的直接消费者。学术期刊的读者多是高校师生、研究院所及其他学术组织的学术研究人员和爱好者，是相关领域的学者和专家，他们会从学术期刊所发表的论文中得到知识的更新和积累，思想的启迪，继而成为学术期刊的作者，传承先进文化，是学术成果的最大受益者之一。期刊的每一篇学术文章就成了每一场学术报告的主题，学术期刊就成了学者们学习和研究的教材，这时，学术期刊的编辑当然就是培养人才、传播先进文化的导师，社会地位比读者高，与读者的社会距离近，其目的与读者一致。

在学术意义的表达过程中，作者是第一个受益者。编辑在评价、判断和选择稿件时就对稿件进行了全方位的评价，无论哪种情况，编辑都会以书面或口头的形式把自己对稿件的意见反馈给作者，作者可以根据编辑的意见对稿件进行修改，从而提升自己和稿件的学术水平。从这种角度来看，编辑也是作者的导师，其社会地位高，与作者的社会距离近，目的与作者一致。刘少奇曾说："编辑工作是一种创作，而且是一种高级创作……我们讲尊师，我们也要尊重编辑，编辑在某种意义上也是师。"（刘少奇，1985）

4. 学术编辑话语基调的讨论

编辑就是编辑意义，编辑的本质就是意义，编辑就是因为能为社会发现、完善和提供优良的意义而得到社会的尊重和认可（高生文，2015）。以上我们从系统功能语言学话语基调的视角对学术编辑从学术意义的源头到意义价值的实现整个过程的作用和地位进行了讨论，我们可以清楚看到，学术编辑在整个文化创造和传播中的作用是巨大的，其身份和角色是不可或缺和替代的，学术编辑是意义的发现者，学术成果和文化传播的创作者、组织者、评价者、裁决者、设计者、优化者、导师，是名副其实的学者中的学者，专家中的专家，其社会地位应该是很高的，具有权威性。在某些高校等学术期刊管理部门学术编辑被定性为非教学科研人员的教辅或研辅人员，在岗位评定、职务晋升、成果认定、业绩考核等方面受到不公正待遇，致使学术编辑的角色和地位严重错位，处于边缘化和亚存在状态。这种情况显然是不正常的，不正确的，也是不应该的。

社会对参与社会活动的主体，即主要话语基调的作用、社会关系、社会地位的评价和确立，主要基于社会对这个主体活动的认知和判断。学术编辑被社会边缘化，处于一种尴尬的社会地位，造成这种情况的原因可能不少，但主要原因有两个：一是人们对学术编辑的活动和重要性缺乏认识，对学术编辑的社会贡献不清楚，或认识不全面；二是有些人对这个主体的角色和身份虽然是清楚的，但对这个主体主观上故意歧视或误解。

学术编辑的性质是特殊的，其特殊性在于学术编辑具有两面性特征（高生文，2017b），既具有学术的特征，又具有编辑的特征。学术的特性是隐性的，部分编辑加工的特性是显性的，两者相比，其学术性的价值远远高于编辑加工的价值。而对学术编辑活动不熟悉的圈外人士来说，他们最容易看到的却是体现编辑价值较小的且容易产生误解的那一部分，“文字裁缝”“剪刀加糨糊”“编辑匠”等对编辑的称呼都是由于对学术编辑活动认识不全面导致的。无论如何，我们应该从自身找原因。作为学术编辑的圈内成员，是编辑活动的直接参与者，有责任也有义务把编辑这个主体活动的性质、规律等讲清楚，讲好编辑自己的故事。而令人遗憾的是，我们对自我的认识也是不全面的。我们对编辑和编辑活动的本质认识得不深，研究得不够，我们自己把自己的角色和地位设定在从属地位，把编辑称为“把关人”“守门人”“中介”“审查员”“服务员”“资料员”等，就连现代汉语的权威词典《现代汉语词典》也把编辑定义为“对资料或现成的作品进行整理、加工”（中国社会科学院语言研究所词典编辑室，2012：76），难怪有学者认为编辑学研究不能深入的原因之一就是对“什么叫编辑？”“编辑活动的本质规律是什么？”等此类编辑学基础理论缺乏研究，呼吁加强这方面的研究（蔡克难，2008）。

这里的关键问题是如何把学术编辑隐性的活动规律和社会价值显性化和前景化，让这个“幕后英雄”站在台前，成为真正的英雄。如前所述，学术编辑如果是意义的发现者，通过一系列的判断和概括，策划出学术选题，并对选题的价值、理论框架、论证方法、拟达到的结论等重要信息有了整体思考，然后通过组稿，由所选作者完成成果的表达，那么学术编辑的学术贡献明显大于作者，理所当然应该分享学术成果，应该享有学术论文的著作权和署名权，至于怎么署名，署名的法理依据等重要课题有待学界进一步研究（高生文，2017b；2018a）。另外，既然学术编辑的社会活动具有两面性特征，即既有学术的一面，又有编辑的一面，而且这两个方面的特性都是学术编辑活动不可缺少的，两者在学术编辑缔造、传播人类文明中缺一不可，因此，对学术编辑的评价，如岗位考核、职务评定等都应该既看重其学术成果，又看重其编辑成果，将二者结合起来考核才是科学的，公正合理的。只认学术编辑编辑成果不认其学术成果的行为，实际上就将其另一更加重要方面的成果隐性化，这种评价是明显不公正的，对正确建构学术编辑的角色和地位是有害的。还有，学术编辑作为圈内人对自己的学术活动和身份最有发言权，编辑可以通过研究，把学术编辑隐性性质显性化。再者，对学术编辑业务考核、职务评定等评价活动，应该由对学术编辑了解的圈内人士来参与，这样的评价有利于揭示学术编辑真实的身份和地位，评价才是科学的。

对学术编辑的社会评价直接影响学术期刊的水平和发展，影响学术研究的水平和发展，继而影响社会文化的进步。那种因个人利益等因素在主观上故意对学术编辑有偏见、有误解甚或有歧视行为，就是对学术发展、人类文明、人才培养的偏见、误解和歧视，有这样意识的人，尤其是领导者，对所在单位和社会的发展都是十分有害的，其行为应该立即得到纠正。这个问题涉及的不只学术，还涉及道德、法律、社会意识形态等层面，这已经超出本研究的范畴，这里不作过多的讨论。

概言之，对编辑自身的研究是一个影响编辑身份确立的课题，是一个影响编辑学发展的重大课题。从上面的讨论可以看出，学术编辑的身份和地位绝对不是“编辑匠”“把关人”等能概括得了的，还有很多重要隐性的内容需学界从不同视角、不同层面，用不同方法，有计划、分阶段来研究，只有编辑身份确立了，社会才能对编辑有个客观全面的认识和评价，编辑学研究才能深入和发展。

5. 结　　语

本章从系统功能语言学话语基调的视角讨论了学术编辑在意义发现和表达，意义评价、判断和选择，意义优化，意义传承和人才培养整个文化活动过程中的作用、身份、地位等。研究发现，学术编辑可以是意义的源头，其在文化产品的生产和传播中的作用是不可或缺的，学术编辑不仅是学者和专家，而且是学者中的学者，专家中的专家，其社会地位高，理应受到社会的尊重。本章进而对学术编辑的两面性特征进行了讨论，指出正是由于社会对学术编辑这个两面性特征，尤其是其更加重要的隐性的一面了解不够，导致了学术编辑身份和地位社会评价低的尴尬境遇，解决学术编辑这种境遇的关键在于如何使其隐性的一面显性化和前景化，如承认学术编辑对有所贡献的作品有著作权和署名权，在业绩考核等方面既要承认学术编辑在编辑方面的研究成果，也要认定其学术研究成果等，这些举措都有利于揭示学术编辑活动的特征和价值，有利于建构学术编辑的社会角色和社会地位。本研究同时也指出了编辑对编辑主体研究的现状和迫切性，作为圈内人和主要话语基调，对编辑这个编辑活动主体的研究是广大编辑义不容辞的责任和义务，这不仅对编辑社会身份的确立有现实意义，而且对编辑学的深入发展有建设性意义。

第七章　话语基调下的学术期刊编辑两面性研究

1. 引　言

编辑学研究已有近四十年的历史了，编辑学者化已取得学界的共识（杨焕章，1995；颜帅，1994；高生文，2017a），编辑的主体意识越来越强，这对编辑学的深入发展有重要的意义。然而，许多学者仍把编辑定义为“中介”“守门人”“把关人”“审查员”等，认为编辑就是“对资料或现成的作品进行整理、加工”（中国社会科学院语言研究所词典编辑室，2012：76），认为编辑活动有创新性，但其劳动对象只是作者的稿件，编辑文化活动只是作者文化活动的延续，换言之，编辑的创新性、主体性等是依附在作者稿件上的，只是对稿件进行创造性的提高和完善，稿件的学术价值主要是作者创造的，编辑哪里还有主体地位呢？学界毫不怀疑编辑有学，而编辑这种处于从属地位的“学”，无论如何也是有限的，这样的“学”怎能支撑得起编辑学这门独立性很强的学科呢？另外，学术编辑在社会中的地位普遍偏低，被边缘化也是不争的事实，这似乎与社会对编辑主体性的认知不无因果关系。而事实并非如此，对稿件进行“整理、加工”只是现代学术编辑活动的一部分，已经概括不了现代学术编辑的行为特点，在整个文化创造和传播活动中，学术编辑都处于主导地位，学术编辑以学术期刊等为平台引领着学术的发展（高生文，2018c，2018a）。对学术编辑以偏概全的认识对编辑自身的发展、文化的发展、文明的进步、编辑学学科的深入发展等都是不利的。因此，对学术编辑社会活动性质的研究有利于编辑主体地位的确立，是编辑学研究深入发展的基石，既有理论意义，又有现实意义。

我们从系统功能语言学话语基调的角度对学术期刊编辑（以下简称“学术编辑”）活动的两面性进行研究，试图揭示学术编辑在编辑活动中的本质属性，确立学术编辑的主体地位，改变编辑自己和社会对学术编辑的传统认知和评价，促进编辑学研究的深入发展。

2. 话语基调概述

话语基调（tenor of discourse）是系统功能语言学语域理论的一个十分重要的概念。话语基调是情景语境（context of situation）中制约语义表达三个情景变量之一，指社会交际中有谁参加，参加者的角色、地位、关系、距离、情感、目的等（Halliday & Hasan, 1985: 12）。在社会活动中，话语基调是最有活力和最能动的因素，由于参与者认知水平、活动目的、影响力、思想观念、意识形态等不同，他们对活动的认识、角色、参与的程度、贡献等就不同，参与者在活动中的角色、贡献等决定着其在活动中的作用、身份、地位等不同，这些又影响参与者参与活动的动力、方式、人际关系等，影响参与者对活动价值的认知、评价和判断，从而影响活动的成功与否，因此，对社会活动中话语基调的研究意义重大。

编辑的本质是意义，编辑就是编辑意义（高生文，2015）。学术编辑就是通过学术论文向社会表达学术意义，传播文化，推动社会进步。在整个学术活动中，参与者主要有三个：学术编辑、作者和读者，其在生活中的角度、目的、地位等各不相同，在学术意义的创作和传播中的作用和贡献也不同。下面我们主要对学术活动中主要话语基调——学术编辑——在学术活动中的角色、目的、身份等进行讨论，对其两面性进行分析。

3. 学术编辑的两面性分析

学术编辑活动的内容是学术活动，是一种文化创造活动，其根本属性是其学术性。其目的是通过一定的媒介向社会传播所创造的内容，体现其学术内容的是学术论文，即学术语篇，学术内容就是学术意义（语义），学术意义通过学术语篇表达出来，促进人类认识社会的能力，推动文化的进步。学术语篇从个人创作（稿件）到社会认可须经过编辑的认可和一系列的编辑活动，对稿件这一系列的编辑活动既有学术的成分，也有技术加工的成分，因此，编辑活动除了具有学术性，还有一定的技术性，即存在两面性。对学术编辑活动的研究和评价就必须包括两个方面的内容，否则研究和评价就不全面，也不科学。

3.1　学术性

学术编辑学术性贯穿于其学术活动的全过程。主要体现在以下方面。

3.1.1　学术意义的捕捉和选题策划

学术编辑在长期的学术活动中会对学术信息有一种特别的敏感性，这是学术编辑必须具有的特别的一种素质。这与学术编辑时刻站在学术前沿，把握学术动态，判断和预知学术走向的职业要求和职业习惯密切相关。今天的学术期刊编辑处在信息化、数字化、国际化、媒体融合化等科技发展的大潮中，学术期刊的竞争是在所难免的，要想生存和发展，就不能不改变传统编辑的“等稿”模式。由于作者研究兴趣、方法、重点等各不相同，个性化突出，作者自投稿自然就会有主题零散、质量参差不齐、投稿盲目无序等现象。学术期刊要想在竞争中处于不败之地，就必须有自己的特色，必须保证每一篇文章都能体现期刊的宗旨和特色，体现学术研究的前沿和趋势，这样，坐等来稿、靠自投稿就显得不合时宜了，学术编辑的活动重点就必须向学术活动前沿转移，注重学术的创造和引领，不能只注重对稿件的编辑加工。学术编辑须对学术研究的动向了如指掌，主动捕捉学术新闪光，通过比较、分析、评价、判断等智力反应，创造和选择新的学术意义，并按照期刊宗旨和要求，策划出新的选题，把学术意义以学术选题的形式体现出来，选题体现的学术意义具有前沿性、前瞻性和创新性，为学术编辑下面的学术活动打下好的基础。因此学术编辑可以是学术意义的发现者和选择者，处于学术意义的源头。此时在学术编辑的引领下，学术意义体现为有序的选题，这是学术意义从无形到有形的第一站。

3.1.2 学术意义的表达和组稿

选题和选题计划制定后，就进入学术意义的体现阶段，即写作阶段。选题就是一个意义体现或表达的大纲，其内容包括：文章主题、学术价值、文章结构、论证视角、论证方法、研究目标、研究贡献、作者要求、完成时间等。学术意义是学术编辑选择的，学术编辑也可以选择由谁来完成选题的写作计划，这个选择是以学术意义为基础的，对作者的选择就是意义，谁最能表达好这个学术意义就选谁。学术编辑可以选择自己完成这个选题，但通常是选择其他作者来完成选题，如果选择后者，编辑也需全程参与和引领，以确保意义体现的合理性和科学性。选择是有意义的，学术编辑的选择就是学术，就是学术意义。

3.1.3 学术稿件的评价、判断和选择

学术意义经过语法化进入语言，沉淀在语篇（稿件）中，成为有形存在。那么稿件是否保质保量地表达了学术编辑发现的意义呢？因此，稿件必须经过学术编辑的评价和判断才能最后被选择。学术编辑对稿件的选择是以其学术性为标准的，学术性包括规范性、科学性、创新性、社会意识等几个由低到高的不同层面，稿件只有语言规范，逻辑清晰，概念科学，论证合理，在观点、方法、理论等方面有创新，同时价值观念上符合主流社会意识，没有政治问题，才能被选择和录用。学术编辑对稿件的评价、判断和选择是以其发现的学术意义的学术性为标准的，达到标准的稿件被选择录用，否则就退改或退稿。

对自投稿来说，意义是作者在学术研究中发现的，并通过语法化过程使意义进入语篇，创作出学术稿件。同样，学术编辑对自投稿的评价、判断和选择与学术编辑通过自己策划和组稿得到的稿件的做法一样，即以其学术性为标准对其评价和判断。稿件体现的学术意义和价值观念与学术编辑掌握的学术意义和价值观念一致，稿件就会被选择和录用，否则，就会被退稿。许多学者对此也是认可的，“通过对学术论文的甄选，学术期刊还成为国际关系主流研究路径、议题选择和研究方法的界定者，只有符合它们要求的研究才能进入主流视野，产生影响力”（陈小鼎，2013）。

学术编辑为社会选择的意义可以是自己在学术研究中发现的，也可以从作者的稿件中发现，不管意义的源头来自哪里，稿件所要体现的意义一定是学术编辑自己的意义，是为社会选择的先进意义。虽然有学者认为通过自投稿来体现编辑心中的意义，有时更有客观性和有效性（蔡克难，2008）。但如前所述，学术编辑还是以自己策划和组稿方式创作的稿件为主要稿件来源，自投稿只是辅助性的稿源，前者是学术期刊核心价值和核心竞争力的主要体现。

3.1.4　学术意义的优化和提升

稿件从个人创作品到公之于众的社会作品还必须经过学术规范化（学术化）过程。众所周知，由于人的主观性，每个人的价值观念、认知能力、认知水平、知识素养、交际目的等方面的不同，绝大多数稿件都会存在各种各样的不足。学术编辑作为学术规范和意识形态的把关人，会对稿件的学术性进行规范化。对稿件进行学术化的主要内容有思想是否正确，意义是否先进，论点是否突出，论据是否真实，结论是否可信，概念是否清楚，表达是否具有学术性，结构是否合理，引文是否正确规范等。学术编辑对稿件存在的所有学术性问题向作者提出修改意见，并监督作者改稿，直到稿件的学术性得到规范为止。对稿件来说，这个学术化过程实际就是把学术编辑的先进学术思想注入稿件的过程，使稿件的学术性进一步优化和提升，达到理想状态。这样稿件向社会表达的学术思想才是最先进的，这种先进的思想才能启发智慧，推动社会发展。

3.1.5　学术意义的成长

先进的学术意义在学术编辑的优选和优化中最后以学术论文的形式呈现在读者（学者）面前，优秀的学术论文总会给读者以知识的积累，思想的启迪，精神的鼓舞，使读者得到智力和思想的更新和提升。由于知识结构、认知能力、思想意识、价值观念、思维习惯、认识视角等不同，读者对学术论文中的意义肯定会有不同的阐释和解读，或认同，或不认同，或有更新更好的认知，这些信息在学术编辑和读者的交流中总会反馈给编辑，成为学术编辑创新学术意义的主要依据之一，为学术编辑进一步策划新的选题打下坚实基础。同时，读者会从不同角度，以不同方法对同一学术问题展开新的论述，形成新的学术潮流，这样，在学术编辑的引领下，学术意义不断成长，进而促进学术的传播和发展，促进文化的发展和繁荣。

3.2 技术性

根据《现代汉语词典（第 7 版）》的解释，技术指“人类在认识自然和利用自然的过程中积累起来并在生产劳动中体现出来的经验和知识，也泛指其他操作方面的技巧”（中国社会科学院语言研究所词典编辑室，2012：613），其中心在这个“术”上，即操作技艺、经验、方法等。学术编辑的技术性主要指其活动中的编辑加工技能和方法，与学术性相比，学术编辑的技术性主要表现在表达层面，即形式方面，主要包括设计和加工两个方面。

3.2.1 整体思想的呈现——设计

学术编辑设计方面的内容主要有封面设计和版式设计。封面设计包括封面、封脊和封底的设计。版式设计包括目录设计和内文设计，内文设计包括论文的标题、作者署名、作者单位、论文摘要、关键词、中图分类号、正文、引文、参考文献、图表、英文摘要、英文关键词、注释、页眉、页脚等内容。学术期刊的封面和版式就是期刊的脸面，封面设计和版式设计是学术编辑审美能力的体现，好的设计总能既突出期刊的特色，又使人赏心悦目，让人爱不释手。这些设计主要是在学术期刊编排规范和美学原理的引导下进行的艺术性创作，其艺术和技术性成分是主要的，这些设计一般由专业人员设计，但体现的是学术编辑为了表达其学术思想而产生的美学构想，是艺术与学术的统一，形式与内容的统一。

3.2.2 语言规范化——编辑加工

稿件要想成为学术成果，除了经过学术编辑学术规范之外，还必须经过学术编辑对其进行语言规范的检验。语言规范是对稿件表达形式上的要求，与学术性要求相比，语言规范是对稿件最基本的要求。对稿件进行编辑加工的内容主要包括：行文是否通畅、表达是否准确、前后是否一致、逻辑是否清楚、文字是否正确、标点是否规范、符号是否正确、数字和计量单位是否正确、引文与正文表达是否合理、图表标题位置是否恰当、图文关系是否清晰、字体字号是否协调和统一、引文与参考文献是否一致规范、注释是否必要、外语书写是否规范等。学术编辑通过编辑加工使稿件在语言文字上得到规范化和优化，提高了语言的表达力，使最有学术价值的意义用最恰当的语言符号表达出来。

学术编辑对稿件的编辑加工是一种实践性很强的技术性活动，经验和技术是需要经过长期的积累和摸索取得的。

4. 关于学术编辑两面性的讨论

通过分析，我们可以清楚发现，学术编辑具有两面性特征，既有学术性，又有技术性。从体现形式来看，学术编辑的学术性是融入在学术成果中的，是看不见的，具有明显的隐性特点；比较而言，其技术性体现在封面和版式设计以及对稿件的编辑加工中，是相对显性的。从整个学术活动的过程来看，学术意义的捕捉和选题策划，学术意义的表达和组稿，学术稿件的评价、判断和选择，学术意义的优化和提升以及学术意义的成长，实际上就是一个学术意义由抽象到具象或具体的过程，是一个学术意义流入学术语篇的过程，是一个学术意义由隐性到显性的体现过程。在这个过程中，学术编辑隐性的内容，即学术性，贯穿在整个学术活动过程中，而显性的内容只占其中一小部分，也就是说，学术编辑的作用和贡献主要体现在其学术性上，而这种重要的学术作用又是社会不易看见和认知的，学术编辑在整个学术活动中是主要话语基调，而且成了典型的隐性话语基调（covert tenor of discourse）。

从哲学的角度看，学术编辑的学术性属于内容范畴，其技术性属于形式范畴。在内容和形式的辩证关系中，内容是事物存在的基础，形式是事物的表现方式；内容决定形式，形式表现内容；内容处于系统和本质一端，具有隐蔽性，形式体现内容，处于语篇和现象一端，二者是不同视角下的同一事物，二者形成一个渐变体（cline）；认识事物不能只简单直观地去看形式，也不能片面强调内容，忽略形式，必须通过形式和现象去把握内容和本质，不能犯形式主义的错误。

学术编辑的两面性特征为编辑研究提供了方法，人们要想认识和了解其本质特征，就必须既看其学术性，又看其技术性，将两者结合起来的认识才是科学的、全面的和合理的。毋庸讳言，学术编辑被边缘化已成不争的事实。那种认为编辑只是对现成稿件的整理和加工，编辑是“中介”“守门人”“审查员”“资料员”“文字裁缝”“为他人作嫁衣裳”等观点，以及许多主管单位在学术编辑岗位认定、职务晋升、业绩考核等方面只认其编辑方面的成果，否认其学术方面的成果，更有甚者，一些“领导”认为只要能认字断句就可以当编辑等诸如此类对编辑，尤其是学术编辑的认知，都是典型的过分夸大形式和现象，否认内容和本质的以偏概全的形式主义观点，这种观点在理论上和实践上都是有害的。既有害于编辑个体事业的发展，又有害于学术期刊的发展；既有害于先进文化的创造、传播和发展，也有害于以编辑为研究对象的编辑学的深入发展。

诚然，学术编辑的作用和学术贡献的确体现在最后的学术成果上了，然而这个成果的署名只有作者，没有编辑。从以上讨论可以清楚看到，在现代的学术编辑和出版中，学术编辑的策划和组稿处于主导地位，其学术引领和主导作用贯穿在整个学术创作、传播和发展中。因此，我们完全有理由得出这样的论断：先进的学术价值是学术编辑创造的，学术编辑是第一性的，是文化活动的引领者和主体；是作者作品建立在学术编辑学术思想之上，而不是学术编辑的学术活动建立在作者作品之上。而对于辅助性的自投稿而言，学术意义的确是作者发现的，但稿件的学术意义也只是在某方面迎合了学术编辑的学术思想才可能被录用的，在稿件成为公之于众的成果前，在其学术意义中不可避免地注入了编辑的先进思想，使其表达的学术意义得到了不同程度的优化和提升。这时，尽管学术编辑的劳动是建立在作者作品之上的，在研究和评价编辑时，那也需看学术编辑在这个作品上做了些什么，这个作品体现的学术价值有多少是编辑的贡献，基于这样认知下的研究和评价才有意义。

对于学术编辑隐性的作用和贡献，只有学术活动的参与者，即学术编辑和作者是清楚的，其他人是不知道的。如何使学术编辑隐性的学术性显性化成了解决问题的关键。学术编辑作为其间主要的参与者和主要话语基调，有义务也有责任把自己参与的学术活动的性质和规律揭示出来，从而找到职业自信，得到身份的自我认同和社会认同，这样既对得起自己，又对编辑学的基础理论有所贡献，从而推动编辑学的深入发展。作者和学术编辑都是为社会创造和传播先进文化，其目标是一致的，而作者却是学术成果的最大受益者之一，作者对学术编辑在整个学术创造和传播过程中的作用是清楚的，因此，学术作品的作者应该站出来，把学术编辑学术性的一面广而告之。这方面，确实有不少学者，有的还是大家，对编辑的工作有过积极的评价，如鲁迅认为，“选本所显示的，往往并非作者的特色，倒是选者的眼光”（鲁迅，2005：436）；吕叔湘认为，“当好一个编辑，不见得比当好一个教授容易，从某种意义上来说，还要更难些”（吕叔湘，1981）；叶圣陶认为，“编辑不好当，丝毫马虎不得”（叶圣陶，1982）；钱钟书认为，“周振甫、华元龙二君于失字破体，悉心雠正；周君并为标立目次，以便翻检，底下短书，重劳心力，尤所感愧”（钱钟书，1984：2）等。学术期刊主办单位在对学术编辑评价和考核时，要充分考虑其两面性特征，制定合理科学公正的考核和评价办法。既要重视编辑在技术方面的成果，也要重视他们的学术成果。同时，要重视学术领域圈内人士的意见或由圈内人参与考评。由不懂或不了解学术编辑的外行来考评学术编辑，尽管听起来好笑，但事实上是存在的。这些方法的制定对激励学术编辑的工作热情、推动期刊和文化的发展都是十分有利的。另外，有学者认为，“对于采访类专栏作品，如果栏目的策划、主题的拟定、问题的设定等均源自于报刊记者、编辑，那么经采访所形成的专栏文章应属于合作作品，著作权由受采访对象及报刊记者编辑共同享有”（代江龙，2016）。也有专业组织认为，作者身份的确定有四条标准：1. 对研究工作的思路或设计有重要贡献，或者为研究获取、分析或解释数据；2. 起草研究论文或者在重要的智力性内容上对论文进行修改；3. 对将要发表的版本做最终定稿；4. 同意对研究工作的各个方面承担责任以确保与论文任何部分的准确性或诚信有关的问题得到恰当的调查和解决（国际医学期刊编辑委员会，2017）。如果学术编辑是意义的发现者，是选题的策划者和选题计划的制定者，是稿件的评价、判断和选择者，是稿件的优化者，也是学术意义成长的引领者，那么在整个学术活动中，学术编辑的作用和贡献就要远远大于作者，因为作者是编辑选择的，作者只是学术编辑学术意义的表达者和代笔者，是学术编辑思想的代言人，那么，学术编辑应该享有一定的著作权和署名权，这也有利于学术编辑学术性的凸显。至于学术编辑在学术成果上署名的法律依据和具体操作方法就成了又一个编辑学研究的新的重要课题，值得学界深入探讨（高生文，2018c，2018a）。对编辑性质的认识和揭示，方法还有很多，有待我们去探讨，只要我们敢于突破传统的束缚，树立全面、客观、公正、科学的观念，研究才有价值，才能对编辑学的深入发展有所裨益。

5. 结　　论

本章从系统功能语言学话语基调视角对学术编辑的性质进行了讨论。我们发现，学术编辑具有两面性特征，既有学术性的一面，又有技术性的一面。学术编辑的学术性体现在整个学术活动过程中，是学术编辑特性的重要部分，而学术编辑的学术性又是隐性的，不易被人发现。学术编辑的技术性，只体现于设计和编辑加工中，是学术编辑性质的次要部分。如果先进的学术意义是学术编辑发现的，选题是编辑策划的，那么，我们完全有理由得出这样的论断：学术价值是学术编辑创造的，学术编辑处于学术引领地位和主体地位，是第一性的，作者作品是建立在学术编辑学术意义之上的，处于从属地位。通过对学术编辑的学术性和技术性之间关系的辩证分析，可知学术性是内容和本质，技术性是形式和现象，要想正确认识学术编辑的性质，就既要看其形式，也要看其内容，将二者结合起来的认识才全面、客观和科学。由于学术编辑的学术性具有隐性特征，人们有意或无意中总习惯于从技术性一面来认识和评判学术编辑，在对学术编辑进行考评时只看其编辑方面的成果等做法，都是只看形式和现象，忽略内容和本质的形式主义的观点和做法。而对于使学术编辑隐性的学术性显性化的途径和方法，我们提出了学术编辑在一定条件下对学术成果具有署名权的编辑学命题，希冀为编辑主体地位的确立提供有力理论支撑，为编辑学的深入发展打下坚实基础。

第八章　话语基调下学术期刊编辑之学术引领性研究

1. 引　　言

20 世纪末关于“编辑学者化”的讨论是编辑，尤其是学术编辑对自我认识的觉醒，编辑学者化不仅必要而且可能的认识已经深入人心，形成共识。20 世纪初，学界有识之士开始提出“学术期刊引领学术”的观点和号召（田卫平，2007；高翔，2008；一哲，2013），值得庆幸的是，近年来有学者开始关注“学术编辑引领学术”的话题（马光，2009；柯锦华，2013；王艳慧，2016；张慕华，2015）。但讨论刚刚开始，成果还很少，且认识多为：编辑是以作者的稿件（毛坯）为工作对象的，编辑的再创造体现在对原稿的提高、规范和优化上；而引领学术就是变被动为主动，主动去推进和引领学术研究（马光，2009）。这样的认识就容易让人感觉编辑劳动是建立在作者劳动基础之上的，作者才是学术的真正引领者，进而产生编辑不要妄谈引领学术的认识（张慕华，2015；计亚男，2009）。学术活动是学术编辑主要编辑活动的内容之一，否认学术编辑在学术活动中的引领作用，就等于否认学术编辑也是学术活动中的一种主体，进而否认学术编辑在编辑活动中的能动性，这就在一定程度上对“编辑是编辑活动的主体”这一编辑学赖以建立的基础命题提出质疑，构成了挑战，因此，对学术编辑是否引领学术这一课题的讨论十分必要，且意义重大。

本章拟从系统功能语言学话语基调视角对学术编辑的学术引领性进行讨论，试图通过对学术编辑在学术活动中的具体作用的描写证明学术编辑在学术活动中的主体地位，为学术编辑引领学术这一命题的科学性提供理论支撑。希冀引起学界对编辑自我——编辑主体研究的重视，为破解长期以来编辑被“边缘化”谜题提供新的视角，为编辑学的深入发展有所贡献。

2. 话语基调简述

强调对语境的研究使系统功能语言学有了生气，与众不同。语境是意义的源头，语境决定意义的表达，语言体现语境。系统功能语言学创始人 Halliday 的重要理论贡献之一就是把情景语境归纳为三个情景变量：话语范围（field of discourse）、话语基调（tenor of discourse）和话语方式（mode of discourse）。话语基调（tenor of discourse）是系统功能语言学语境理论的一个重要概念，主要指社会活动中的参与者及其社会角色、社会地位、社会关系、社会距离、交际目的等内容（Halliday & Hasan, 1985: 12）。话语基调是情景语境中比较活跃的因素，决定人际意义的表达，决定参与者对社会活动的主观评价、判断、选择、态度、情感、行为等；参与社会活动的主体意识、责任意识、义务意识和投入程度在很大程度上决定社会活动能否顺利进行，能否取得预期效果，进而决定社会对参与者价值的肯定与否，决定社会活动的成败。因此，对社会活动参与者及其角色、地位、关系、目的等要素的研究对个人和社会发展都意义重大，这也为分析作为学术活动主要话语基调之一的学术编辑在学术活动中的角色和作用的研究提供了方法。

3. 学术编辑在学术活动中对学术的引领作用

编辑的本质是意义，编辑就是编辑意义（高生文，2015）。学术编辑的目的就是通过创造和选择学术意义向社会传播文化，促进社会和文明的进步。

3.1 办刊宗旨设定学术方向

学术编辑在长期的社会实践中，积累和形成了对社会、学术、人生等方面的认识，形成了自己的价值观念和思想意识。办刊宗旨是编辑意识形态和价值观念的集中体现，包括期刊的政治导向、理论导向、价值导向、目的导向、方法选择等，对学术期刊在意识形态、研究方法、研究范围、研究方向、研究重点、研究目的等办刊理念进行设定，既是学术编辑的学术行为总则，也是对其他学术参与者进行学术活动的行为规范，是整个学术活动的大纲和灵魂，是引领学术活动的准则。学术编辑是学术期刊办刊宗旨的创立者，是主要话语基调，其对学术的引领作用是明显的。

3.2　学术意义的发现——选题策划

学术编辑始终站在学术研究的前沿，对学术研究状况、研究热点、研究难点、研究发展走向、研究价值等学术信息具有很高的职业敏感性、预见性和判断力。当一个新的学术意义被学术编辑发现，编辑通过全面缜密的学术判断，对其学术价值做出评价和选择，去伪存真。学术信息一旦被编辑选择，编辑的学术活动就开始了，编辑通过栏目设置、选题策划等形式来体现学术意义。选题的学术价值、选题内容、选题结构、选题规模、选题实施计划等是选题策划的主要内容，选题策划的意义在于它的创新性，策划和创新就意味着引领，学术编辑是选题策划的主体，是学术意义发现和选题策划的主要话语基调，学术编辑在选题策划中对学术活动具有引领作用。

3.3　学术意义的体现

选题制定完成后，就进入选题的实施阶段。在一定情况下，学术编辑可以独自或与其他学者一起联合完成选题计划，按照学术规范和学术期刊的要求把学术意义体现在学术论文中，创作学术论文，也可以通过组稿或约稿的方式由其他学者来完成选题内容。选题可以通过单篇学术文章来体现，也可以通过专题论坛、专题研究等形式由多篇学术论文来体现，单篇论文可以选择有很高学术影响力的学者和专家来独自完成，多篇论文可以选择多个有学术影响力的学者和专家来完成，还可以由一位特别有学术影响力的学者来主持一个专题下一组或多组论文的组稿，增强选题的学术影响力，在学界形成学术潮流。不可否认，在信息化、数字化、国际化、融媒体、学术期刊竞争异常激烈的今天，由于多种原因，不少学术期刊的稿源越来越倚重组稿或约稿，有时甚至超过自投稿。

在这种情况下，不管是学术编辑独自完成选题的写作任务，还是与其他学者合作或者由其他学者来完成学术论文的写作，学术意义是编辑发现的，选题主题、理论依据、论证方法、研究目标、完成时间等选题计划和选题的思想主要是编辑制定的，参与研究的其他学者是由编辑根据选题的特性和学者的学术兴趣、学术水平、学术地位、学术影响等从诸多学者中选择的。最有学术价值的选题由最能体现选题价值的学者来完成的原则能够保证学术意义的先进性、创新性和对学术的引领力。

3.4 学术意义的评价、判断和选择

不管是组稿还是自投稿，稿件都必须经过学术编辑的评价、判断和选择，才能进入编辑流程。学术编辑的目的是为社会创造和提供先进文化成果，该目的决定了对学术稿件的评价、判断和选择。稿件是否先进，必须经过审查，才能做出判断和选择。学术编辑以办刊宗旨为导向，以先进性为标准，从语言、科学性、创新性、价值观念等几个不同层面对稿件进行全面的评价和判断，先进的录用，不先进的退稿。编辑对稿件的选择就是一种对学术研究方向的选择和引领，这种选择实际上是以是否体现正确社会价值观念、正确意识形态、先进学术思想为标准的，学术编辑是这种选择的决策者和引领者，是学术意义评价、判断和选择的主要话语基调。

3.5 学术意义的提升——学术标准化和规范化

被录用的稿件还只是一个基本稿——毛坯，在内容和形式上往往会有这样或那样的不足。学术编辑站在学术引领位置，从意识形态、学术规范和学术标准出发，对稿件意识形态、学术思想、概念、行文、结构、标题、段落、图表、数据、引文、参考文献、文字、标点等全部内容进行审视，并对存在问题的稿件提出科学合理的修改意见，稿件需按编辑的意见和要求进行修改，直至达到要求，这样，稿件才能变成学术成果。稿件修改过程实际上就是一个使稿件达到学术规范和学术标准的规范化和标准化的过程，稿件的所有不足都是在编辑指导下补上的，因此，这个过程实际上就是把学术编辑先进的学术思想注入稿件的过程。在学术编辑的引领下，稿件从内容到形式向

学术规范和学术标准靠近，最后合乎学术规范和学术标准，成为优秀的学术成果；作者从意识形态、学术思想到学术表达向学术规范和学术标准靠近，使思想意识和学术水平从稚嫩到成熟，得到提升，成为优秀的学者和专家。学术编辑是学术规范的代表，稿件是规范的对象，规范过程对于稿件的定稿具有引领作用，在这方面，学术编辑对学术的引领和贡献是凸显的。

3.6　学术意义的成长——学术的发展

学术论文的发表使论文成为社会认可的公开学术成果，学术论文的创新学术思想也一定会引起学界的关注，会引起读者（也是学者）各种各样的反应，吸引越来越多读者以新视角、新数据、新事实、新方法、新思路等对这个学术思想进行深入研究，推出越来越多新的学术成果，形成学术热潮，促进学术思想的不断成长，最后可能成长为系统的学科分支或独立学科，从而促进学术的发展，社会的发展，人类文明的进步。学术思想就是这样在学术编辑这个主要话语基调的引领下，不断创新，不断成长，不断发展的。

4. 学术编辑学术引领性讨论

在社会活动中，活动的有序性决定了活动的有效性，只有分工合作，活动才能成功，这是人类社会进步的表现。社会活动参与者的角色和分工是不同的，一个人的角色和地位是由其在活动中所起的作用和贡献决定的。以上讨论足以说明，在学术方向的设立，学术意义的发现，学术意义的体现，学术意义的评价、判断和选择，学术意义的成长整个文化活动中，学术编辑活跃于学术的前沿，起着较为明显的引领作用，由此，学术编辑可以被界定为学术的策划者和引领者或引领者之一。对学术怎么引领，把学术引向哪里，学术编辑都起着重要作用，学术编辑使学术研究更有思想、有规范、有秩序、有方向、有意义、有生命。

那种认为学术编辑的劳动是建立在作者劳动之上的观点不全面，是对学术编辑的一种误解。学术活动的成果最后是以学术论文等形式呈现的，但遗憾的是，这些成果的署名只有作者，没有编辑。作者的署名和作品是学术活动中可以看得见的，是显性的。而学术编辑的整个学术活动和引领作用具有两面性特征（高生文，2017a），即隐性和显性，人们能看见的只有其编辑加工的活动，即建立在作者劳动之上的劳动；其他诸如学术意义的发现，学术选题的策划和实施，学术稿件的评价、判断和选择，学术意义的优化和提升，学术意义的成长等学术活动和贡献几乎都是看不见的，编辑加工中也只有文字改错和润色、版式设计等几项是显性的，而编辑在稿件学术性和规范性方面的贡献也是隐性的，对这些隐性的贡献除作者和编辑外，别人是不知晓的。而学术编辑隐性的活动和贡献恰恰是其整个学术活动中最重要、最有价值的部分，其显性的活动是学术编辑活动中比较次要的部分，体现不出学术编辑的学术本质、学术特性、学术作用和学术地位。用处于次要地位的编辑加工活动来评价学术编辑在整个学术活动中的作用和意义，进而评价学术编辑的学术身份和学术地位，是不全面，不合理，不科学的。对于学术成果的署名问题，也应该根据实际情况来确定，对于学术意义的发现、选题的策划、组稿、稿件的评价和选择等都是学术编辑完成的情况，作者只是学术编辑学术思想的代言人或合作人，学术编辑在学术活动中是主要的参与者，是主要的话语基调，其对学术的引领作用和贡献是明显的，在这种情况下，最后的成果是否只署作者的名字值得进一步探讨（高生文，2017b，2018c）。

学术编辑引领学术是一个“大编辑”概念，“大”指在学术活动中作用大、地位高，这一方面是由学术编辑在编辑活动中的作用和贡献决定的，另一方面是由编辑学学科建设的必要性和科学性决定的。学界关于学术编辑主体性研究陷入一个怪异的矛盾循环中，一方面学术编辑自己不甘心被当作“加工匠”或“文字裁缝”，认为学术编辑有创造性或能动性，并努力探究编辑在学术活动中的创造性；而另一方面却把学术期刊定性为展示学术成果的窗口，讨论总是从编辑的对象，即作者的原稿开始，将学术编辑的创造性总是体现在选择和加工原稿上，忽视其在整个学术活动中，尤其是稿件之前的意义更为重大的学术创新性和能动性，总习惯于把学术编辑的学术贡献当作是作者的，或者把编辑的学术创新建立在作者原稿之上，这样，编辑的学术创造性和贡献就被大打折扣，致使编辑创新再大也显得没有原稿大，创新再大也改变不了自己的从属地位，摆脱不了编辑“无学”的魔咒和窠臼。不可否认，学界关于编辑主体性研究取得了很多成果，对编辑主体性的觉醒起到重要作用，但也充分暴露了学界对学术编辑的角色、地位、作用等方面认知的不自信。这种自我认知或多或少地导致了社会，尤其是管理部门，对学术编辑的认知不足，从而导致编辑边缘化现象的产生，进而严重限制其生产力。因此，学界应满怀自信，从不同侧面、不同角度，以不同视角、不同方法，对学术编辑的所有学术活动进行研究和阐释，这样才能真正确立其主体地位，解放其生产力，同时，为编辑学的深入发展打下坚实基础。

学术编辑担当着创造和传播先进文化的重任，引领学术健康发展是一种义务和责任，而不是特权，一定要深入学习党的二十大精神，不忘初心、牢记使命，坚持正确意识形态导向和社会主义核心价值观，坚持学术规范和学术标准，坚持学术创新，坚持学术道德，创立一个公平、客观、科学、向上的学术环境，高举质量第一的学术大旗，自觉抵制学术剽窃、抄袭等学术腐败和学术不端行为，净化学术风气，引领学术朝着正面的健康的方向发展，推动社会的进步，推动文明的进步。

5. 结　语

学术编辑主体地位的确立，有利于学术编辑摆脱限制，解放学术生产力，推动学术、社会、文化发展，推动人类文明的进步，并为编辑学的深入发展提供有力支撑。编辑学者化是学术编辑引领学术的前提，尽管编辑学者化早已在学界和业界形成共识，但学术编辑学者化程度、学术编辑的学术修养与引领学术的匹配程度等问题还有待考察。但是，学术编辑引领学术进步，促进学术自信，推动学术和社会发展，不仅只是口号，而且是我们作为学术编辑群体的责任和义务，更是我们追求的目标和行动的方向。

第九章　语域视阈下《论语》语篇成长性研究

1. 引　　言

《论语》是儒家重要的经典之一，是中华民族文化的源头，是中国人的圣经（雷原，2007：前言 3－7）。2 500 多年来，《论语》的传承绵延不断，其影响越来越大，已经从中国扩展到世界。西方了解中国和中国文化，就是从了解孔子和儒家经典开始的，《论语》是西译最早、译本最多的中国典籍之一。意大利耶稣会士利玛窦（Matteo Ricci, 1552—1610）于 1593 年（万历二十一年）就将当时承载主流意识的"四书"译成拉丁文，这是《论语》的第一个西译本[①]；英国浸礼会传教士马歇曼（Marshiman, 1768—1837）于 1809 年（嘉庆十四年）的节译本是《论语》第一个英文译本（Marshiman, 1809），迄今为止，《论语》已有六十多个英文译本问世。第一届诺贝尔奖获得者国际会议于 1988 年在法国巴黎召开，会上，数十位诺贝尔奖获得者一致呼吁，人类要生存下去，就必须到 2 500 年前去汲取孔子的智慧（孙钦善，2009：401－416）。

自《论语》诞生以来，对其传播与研究就一直不断，先有师传家法，后有训诂、章句、注疏、义疏等，有的重考据，有的重义理，有的重校勘，有的重版本，有的重文内翻译，这些研究为《论语》学的诞生和发展打下了坚实的基础。近年来，随着出版学、编辑学以及编辑出版学在我国编辑和出版行业的兴起，有人尝试讨论编辑的历史源流问题，这样不可避免地把

① 利玛窦于 1593 年完成了"四书"的拉丁文翻译，由于各种原因，该译本没有出版，原稿已经佚失，见 D. E. Mungello, *Curious Land—Jesuit Accommodation and the Origins of Sinology*. Honolulu: University of Hawaii Press, 1989:250。

孔子和《论语》等儒家经典与编辑联系起来。其中，重要的研究有胡光清（1989a，1989b），李光宇（1986），陈建国、赵建华、高宗文（1992），张如法（1994），马健（1990），陈建国（1999），张海英（2009），胡予琪（2010），刘阳海（2011），吴平（1999，2012）等人的学术论文，但这些研究关注的重点几乎都在我国古代编辑思想、历史起源及孔子作为我国第一个编辑家的编辑思想、活动和成绩等方面，很少讨论孔子成为一位优秀的编辑家和《论语》成为一个不朽的语篇背后的原因，很少分析像《论语》这样优秀语篇的成长性，讨论对这样的语篇的评价问题，研究编辑这个特殊主体在语篇成长过程中的角色、功能等重要问题和命题。本章旨在从系统功能语言学语域视角，通过对《论语》成长情况的考察来揭示这部儒家经典著作为代表的语篇的成长性及与语篇成长关系密切的编辑活动的意义，以期为《论语》研究和编辑学的发展提供一个新的视角。

2. 语域阐释

2.1 语言使用的多层性及其之间的关系

系统功能语言学以人类学和社会符号学为视角，注重语言使用、语言使用的环境及其之间关系的研究。系统功能语言学认为，社会/语境是一个符号系统，语言是其中的一个符号系统，语言系统本身又由三个层次构成，即语义、词汇语法和音系。语境包括语言使用的直接环境，即情景语境和对语言使用有制约作用的文化语境。系统功能语言学创始人 Halliday（M.A.K. Halliday）于 1992 年提出两个重要概念，即体现（realization）和例示（instantiation）。不同符号层次之间存在体现关系；同一符号层次不同内容之间存在例示关系。具体来讲，语境、语言以及语言内部语义、词汇语法和音系处于不同层次，他们之间的关系是体现关系，语言体现语境，词汇语法体现语义，音系体现词汇语法（Halliday, 1992: 20－35）。

情景语境由三个变量构成，即话语范围（field of discourse）、话语基调（tenor of discourse）和话语方式（mode of discourse）。话语范围指实际发生的事，指正在发生的社会行为；话语基调指交际的参与者，包括其地位、角色、交际目的等；话语方式指语言在交际中起的作用，包括媒介、渠道和修辞方式。情景语境三个变量分别由语篇的三种意义体现，即经验意义体现话语范围，人际意义体现话语基调，语篇意义体现话语方式，这三种语义又分别影响话语发出者对词汇语法中及物系统、语气系统和主位系统的选择。其中的关系如图 9－1 所示。

SITUATION: Feature of the context	(realized by)	TEXT: Functional component of semantic system
Field of discourse (what is going on)		Experiential meanings (transitivity, naming, etc.)
Tenor of discourse (who are taking part)		Interpersonal meanings (mood, modality, person, etc.)
Mode of discourse (role assigned to language)		Textual meanings (theme, information, cohesive relations)

图 9－1　语篇与情景语境的关系（Halliday and Hasan, 1985: 26）

文化语境和情景语境以及语言和语篇分别处于同一层次，它们之间的关系是例示关系。文化语境和语言分别是语境和语言的潜势（potential）和系统（system），情景语境和语篇分别是文化语境和语言的示例，文化语境和情景语境及语言和语篇分别处于抽象和具体渐变体的两端，是从不同视角考察的同一现象。语言体现语境，其中，作为语篇的语言体现情景语境，作为系统的语言体现文化语境。其体现和例示关系如图 9－2 所示。

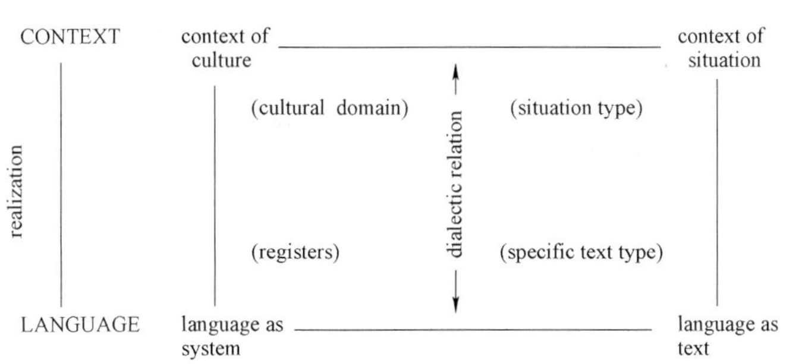

图 9－2　语言和语境、系统和示例的关系（Halliday, 1999: 8）

Halliday 的语境研究打通了社会系统和语言系统的关系，为语言是如何表达意义的问题找到了答案，为系统功能语言学语域分析的研究打下了坚实基础，具有战略性意义。

2.2 语域界定

Halliday 用语域（register）这个概念来解释“人们用语言来做什么”的问题（Halliday, McIntosh and Strevens, 1964: 87）。他认为，语域是语言的功能变体，是语言使用的变体，每个人都有大量这样的变体，在不同的时候在这些变体中做出相应的选择（Halliday, McIntosh and Strevens, 1964: 75 – 94）。语域是把生态社会环境和语篇联系起来的中间概念（Halliday, 1977/2002/2007: 58）。语域构成了社会系统和语言系统之间的一个接口，其成分体现社会意义并由语言形式来体现（Halliday, 1978: 111）。语域是一个语义概念，是与某一特定的话语范围、话语方式和话语基调情景组合相关的意义配置（configuration of meanings）（Halliday and Hasan, 1985: 38 – 39）。语域具有两面性，既有情景的特征，又有语言的特征。对语域的描写如图 9 – 3 和图 9 – 4 所示。

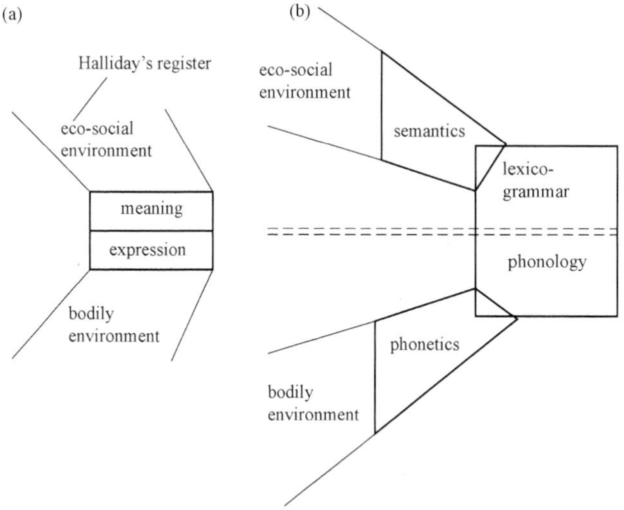

图 9 – 3 元语言（a）和语言（b），与生态社会及自身环境的关系
（Halliday, 2003/2007: 13）

图 9－4　情景语境、语言和语域的关系（高生文，2014a, 2015, 2016: 72）

Halliday就是通过语域这个中间概念来阐释社会意义是如何从社会流入语篇或变成语义的。情景语境是文化语境的示例，是语义的源头，语言通过使用与情景语境联系起来，语域体现或描写情景语境，情景语境对语域有决定作用。语域是个语义变体，语域的不同就是语义的不同，语域的变化是由情景语境的变化导致的，情景语境的变化必然会体现在语义的变化中，最后体现在语篇中。情景语境决定语域，并通过语域决定语篇。

2.3　语域和语篇的成长潜势

语言的使用是为了社会交际，建立社会关系、交流信息、协调社会行为等（高生文，2016：76－77，2013）。社会交际的内容就是意义，情景语境与语言结合成为语域，意义才变为语义而得以存在，意义最后是通过语篇（口头的和书面的）这个语义单位来实现交际的。人们在社会交往中从情景语境中不断发现有价值的意义，创建语域，并创作语篇，表达意义；同时也不断分析语篇，使语篇与语篇创作者发现意义的情景语境联系，并与自己所处情景语境联系，重建语域，理解语篇，完成交际。

一个语篇的创作过程就是一个语域的创建过程，语篇创作的主体是作者，即话语发出者。一个语篇被解读和理解的过程就是一个语域被重建的过程，语篇解读的主体是读者，即话语接受者。作者与读者都是情景语境中话语基调的主要因素，是所涉社交活动中的主要参与者；由于人的认知能力、交际目的、社会影响、价值观念、意识形态等不同，重建的有关语篇的语域就肯定与创建的语域同中有异，有所不同，会在重建的语域中增加一些新的意义。一个语篇一旦产生，就会被不同时代以及同时代不同的人们不断解读和阐释，语域被不断重建，这些重建的语域自然也会不同，人们不断给语域和语篇注入新的内容，打上个人和时代的印记。因此，正是由于情景语境中话语基调，即人的因素，语域和语篇才有了生命，就像生物体一样，不断成长，不断发展，语篇最后成为经典，成为文化的一部分。否则，语篇就只有一种永远不变的意义，就失去不断解读的价值，也就失去存在的价值，语篇就会失去生命，就会“死亡”（高生文，2016：74，2013）。这就是语域重建和语篇解读的价值所在，是语域发展和语篇成长的源泉、动力和秘密所在。这就是语域和语篇的生态性和成长性。只要人类存在，语域就会一直被重建，一直得到发展，语篇就会一直被阐释，一直成长。总之，语域创建和语域重建都是为了社会交际，建立社会关系，协调社会行为，为社会服务，这就是语域的社会功能。一个语篇要想茁壮成长，其语域就一定能体现个人的思想、观念等，即情景语境，进而体现时代的价值观念、先进的思想和先进的文化，即文化语境，这是语域发展和语篇成长的前提和基础。而随着时代的不断演进，情景语境也随之不断变化，语篇只有不断与情景语境取得联系，体现情景语境，语域才能不断调整，语篇才能与时代语境即文化语境，联系起来，被社会接受和理解，才能适应新时代，服务社会，并促成自身的不断成长。语域发展和语篇成长潜势如图 9-5 所示。

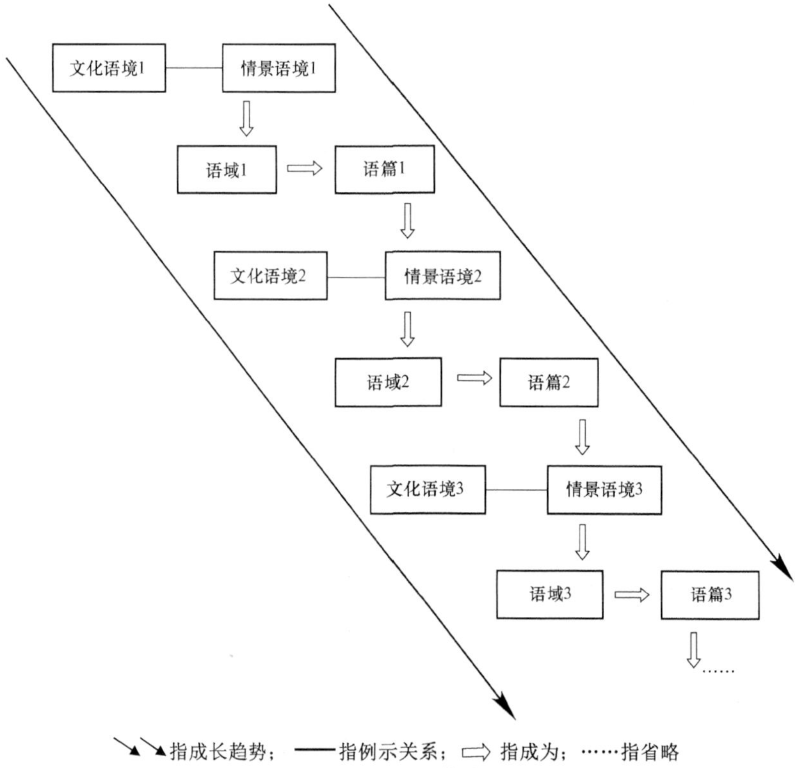

图 9-5　语域和语篇成长潜势

下面我们以《论语》为例，考察语域的发展和语篇的成长情况。《论语》的成长贯穿整个中华文化的发展历史，限于篇幅，我们将把《论语》成长的基础（包括春秋战国时《论语》的形成和汉代版本的统一）、魏晋南北朝和宋朝《论语》的两次成长高峰作为重点，这三个时期是《论语》成长最具代表性的时期，对这三个时期《论语》成长情况的讨论可以说明语域形成和发展以及语篇成长的内在动力和机制。

3.《论语》的形成

《论语》体现的意义主要是孔子从情景语境中发现和选择的，孔子所处的情景语境是《论语》体现的意义的源头，孔子是《论语》这个语篇的实际创作者，是情景语境中交际的主要参与者，即主要话语基调。

3.1　孔子所处的语境和《论语》体现的意义

孔子，名丘，字仲尼，公元前 551 年（鲁襄公二十二年）生于鲁国鄹邑一个没落的贵族家庭，于公元前 479 年（鲁哀公十六年）去世，享年 73 岁。他所处的时代是春秋时代末期，正处在中国历史由奴隶制社会向封建社会过渡的时代，处于旧的贵族社会正在瓦解，新的社会体制尚未形成的时期，西周建立起来的以礼乐思想为核心的社会和文化制度处于崩溃状态，这是孔子所处的文化语境。孔子三岁丧父，家道中落，但他刻苦好学，博学多才，志向远大，亲历了礼崩乐坏，权臣当道，诸侯叛乱，周游列国，历尽艰辛，始终没有得到施展抱负的机会，但他并未放弃自己的理想。孔子一生最主要的事迹就是教学，这是孔子一生的主要行为，即话语范围。孔子对教育的贡献在于把教育由贵族专有普及到平民，有教无类。据《史记·孔子世家》记载：“弟子盖三千焉，身通六艺者七十有二人。”（司马迁，2006：329）不管这个数据是否准确，但孔子一定为社会培养了很多人才，为中华文化的传承和发展奠定了基础。

《论语》记录的是孔子与其弟子的言语和事件，语篇主要是由孔子对弟子、朋友、时人等说的话构成，其原始话语方式是口语。语篇的话语基调是儒家思想和学说的奠基人、中国历史上著名的思想家和教育家孔子和其弟子。孔子是圣人和宗师，具有绝对的权威性，老师“诲人不倦”，弟子守庐三年，师生如父子。孔子出生在鲁国，受到周文化的熏陶，这对孔子的思想观念和文化立场有很大影响。孔子崇尚周礼，并把恢复周礼作为理想。礼在春秋时代的地位是至上的，是统治阶级维护社会秩序的等级制度，是其维护统治的手段。但孔子在继承周礼时，有所创新。作为情景语境中交际的主要参与者或话语基调，孔子是一个没落贵族，其社会地位近乎平民，因此其思想体现大多数平民阶层的思想。在孔子之道中，仁被提升到最高地位，是儒家思想和儒学的中心所在。他认为，人如果不仁，肯定不会有礼，“人而不仁，如礼何？”（《论语·八佾篇第三》）同时他超越了时代，把仁大众化、普通化和现实化，用仁来贯通人生修养、社会交往、政治理想、哲学思考等方方面面，把仁变成了政治、教育、哲学、伦理等的指导原则和追求目标，仁不再是统治阶级的专有意识形态，所有积极向上的、优秀的品行都可以叫做仁；任何人，无论出身怎样，通过自己的努力和修养，都可成为仁人，受到尊重，这就为追求上进和实现梦想指明了方向。这是《论语》被奉为经典和孔子被尊为圣人，被历代尊崇的主要原因所在。仁即孔子一以贯之之道，仁具体表现于忠、恕、礼、孝、信、义、德、政等多个方面，这些内容在《论语》中都可找到。《论语》有 109 处谈到仁，由此可见仁在孔子思想中的地位和价值。这就是《论语》体现的意义源头——语境和体现的主要意义。

3.2 孔门弟子和《论语》话语方式的演变

2 500 多年前，孔子讲了无数的话，创建了儒家思想。那时，这些话语是以口语语篇的形式存在，其话语方式是口语。孔子去世后，其弟子和再传弟子为了纪念祖师和传承儒家思想，对孔子的这些话语语篇进行了选择、记录和编辑，《论语》最后成书，以书面语篇的形式存在，其话语方式由口语变为了书面语，其体裁是语录体散文。

当然，《论语》中记录的内容，肯定不是孔子所有的话语，是众弟子通过长时间选择、编辑的结晶。在整个编辑过程中，孔门弟子是编辑主体，是情景语境中话语基调的主要方面，他们通过重建孔子话语的语域，结合自身所处情景语境，再创建新的语域，这个语域最后才以适当的主题、话语方式和篇章结构表达出来。语篇中随处可见的“子曰”“夫子”等无不体现着弟子对先师的尊敬之情，体现着话语基调中参与者及其之间的关系。

《论语》成书之后，儒分为八，各承师说，创立家法。各派的情景语境，尤其是话语基调不同，各派对先师的微言大义的理解、教学目的、传授方式、传授顺序、讲解重点等也不同，《论语》就产生了不同的传本，其话语方式因此不同。《论语》流传到汉代，就出现了《鲁论》《齐论》和《古论》三个不同传本。

4.《论语》的成长

4.1　统一版本

汉朝武帝时期，为了加强中央集权，巩固大一统专制政权，儒家思想得到重视。汉武帝采取了“罢黜百家，独尊儒术”的政策，儒家思想成为国家意识形态，成为此后中国两千多年封建社会的主流意识。一统的思想要求《论语》有一统的解读，不同师说的状态有待改变，不同版本有待统一。这为《论语》的成长创造了良好的文化语境。《论语》通过汉朝的两次统编，为之后《论语》的成长奠定了基础。

《论语》第一次统编情景语境中的话语基调是张禹与汉成帝。张禹是儒家思想的代表，是《论语》专家，又是汉成帝（当时是太子）的师傅，其目的是以《论语》为教材，传承儒家思想，培养国家领袖；汉成帝是国家政权和意识形态的代表，是张禹的学生，其学习《论语》的目的是为了掌握国家意识，行使最高权力，使国强民富。情景语境中的话语基调会影响交际行为，即话语范围和语言形式，即话语方式。在这样的话语基调下，帝师张禹就必须做出选择，统一不同传本，统一各种师说，为未来的皇帝提供最好的、唯一的《论语》教材，以最合理、最简洁明了的形式呈现《论语》的大义。当时以鲁学为重，《鲁论》大师都受到重用，《鲁论》大师韦贤父子贵为丞相，夏侯胜、萧望之先后为太子太傅，这些对张禹的选择是有影响的。于是，张禹以《鲁论》为基础，篇目从《鲁论》，兼采《齐论》，融合两论，同时，对篇章结构和各章各句的大义做了解释，最后以《论语章句》献于成帝，这就是《张侯论》。《张侯论》是皇帝的读本，是官方版本，代表国家主流意识，被成帝经常引用，因此，十分尊贵，影响很大，是《论语》成长中重要的一环。该本盛行于东汉，包咸和周氏所传的就是《张侯论》，汉灵帝时成为熹平石经的定本。我们今天所见的《论语》基本上就是《张侯论》的传本（杨伯峻，2009：31）。《张侯论》终结了《鲁论》和《齐论》之争，为统一统治意识、方便《论语》的研读、推动《论语》成长做出了重大贡献。

《论语》第二次统编的主要话语基调是东汉经学大师郑玄。其时的文化语境是，政治腐败，军阀混战，宦官专权，经学的光环不再，经学进仕之路已经行不通了，党禁频发，学士隐避。古今文之争的实质是为了博得政治地位，当时，皇权名存实亡，古今文之争就没有意义了，这就使古今融合和师说家法局面的打破成为可能。另外，为了服务封建统治，今文经学越来越不守家法，浮夸繁琐，令读书人苦不堪言，无所适从，这便使得追求朴实的古文经学的回归成为可能，为《论语》的再次统编创造了条件。郑玄是本次统编的主要参与者。他以古文为主，古今通学，其经注的目的是“述先圣之元意，整百家之不齐”（钱荣贵，2013）。郑玄的话语范围是，以《张侯论》为基础，考之以《齐论》和《古论》，并为之做注，这就是《论语注》。郑玄《论语注》对《论语》成长的意义在于：一是融合了今古论，“括囊大典，网罗众家，删裁繁诬，刊改漏失”（范晔，1965：1216），使《论语》有了一个最终统一的版本，为《论语》的发展打下了基础；二是开创了对文本进行注解的新体式，即话语方式——“注”体，为语篇的发展指明了方向。郑玄既注出了圣人大义，又借此创造性地注入了自己维护君权、提倡礼制、期盼太平等思想意识和理想，使语篇的意义得到新的释解，在《论语》成长史上占有重要地位。

4.2 《论语》成长的第一个高峰

魏晋南北朝时期，汉朝专制政权一统的局面被打破，取而代之的是豪强争霸，王朝更迭频发，政治多元，因此，国家对思想的控制和影响就十分有限，这就为各种思想的形成和发展创造了相对宽松的空间。魏晋南北朝时期，政权更替的主要原因是统治阶级内部各派斗争的结果，因此，鉴于皇权衰弱，儒家君臣父子名分、天人合一、君权神授等思想与豪强掌权的社会现实已经不相适宜，时代迫切需要新的思想为其服务。这个时期，除儒家学说外，道家和佛教的影响越来越大，开始成为主要社会思潮。儒、道、释三种思想出现了由排斥到融合的局面。儒家思想尽管失去了独尊的态势，但其作为社会统治思想的地位仍然存在，仍然是政令和规章的依据。这个时期的思想主流是：以儒家思想为主，儒、道、释相互融合。儒家思想也在变化，出现了援道、释入儒的思潮，为自身的发展注入新的活力[①]。在三种思想相互影响的大的文化语境下，《论语》在魏晋南北朝时期，迎来了第一次成长的高峰。南朝梁代皇侃在何晏等人的基础上提出义疏体，其《论语集解义疏》是这个时期《论语》成长的一部里程碑式代表作。

南朝梁代，皇侃的社交行为，即话语范围是，在三国魏何晏《论语集解》的基础上为其做义疏，这就是有名的《论语集解义疏》，共十卷，收入《四库全书》，2005 年又收入北京大学出版社出版的《儒藏》之中，是现存最早的《论语》版本之一。该书以何晏的《论语集解》为基础，又收入晋江熙《论语集解》中的 13 家和其他名家的经注，共 32 家（甘祥满，2009），博采广集；在注经方式即话语方式上，《论语集解义疏》既注经，也注注，即经和注兼注；该书是在讲经的基础上形成，有问有答，形式多样。皇侃的义疏体是对何晏的集解体的继承和发展，极大地提高了经注的重要性，同时也扩展了《论语》意义的生成性。

南北朝时期的文化语境是乱多治少，政局混乱。儒家、道家和佛教为了自身发展，出现了儒、道、佛三种思想的融合局面；统治者为了从思想上麻痹和统治人民，为其统治得到合理解释，使政权永固，采取了开放的思想文化政策，从儒家思想中汲取了伦理纲常，忠孝仁义，礼乐教化，从道教中吸纳了以无为本，道即自然的思想，从佛教中发现了因果报应，三世轮回，解脱众生痛苦，快乐涅槃的观念，形成了儒、道、释三教并举的多元意识形态。

① 详参张玉璞的《宋前儒佛道三教关系述论》，载于《齐鲁学刊》2011 年第 2 期。

皇侃生逢其时，是其情景语境中主要话语基调，其代表作《论语集解义疏》体现的就是这种儒、道、释三种思潮混合的意识形态。例如《论语·阳货篇第十七》第十九章，子曰：“予欲无言。”子贡曰：“子如不言，则小子何述焉？”子曰：“天何言哉？四时行焉，百物生焉，天何言哉？”皇侃注云：“孔子既以有言无益，遂欲不言……天既不言而事行，故我亦欲不言而教行，是欲则天以行化也。王弼云‘子欲无言，盖欲明本，举本统末，而示物于极者也……’”（皇侃，2013：463）《论语·先进篇第十一》第十二章，季路问事鬼神。子曰：“未能事人，焉能事鬼？”曰：“敢问死。”曰：“未知生，焉知死？”皇侃注云：“外教无三世之义，见乎此句也。周孔之教，唯说现在，不明过去未来……”（皇侃，2013：273）《论语·里仁篇第四》第二十五章，子曰：“德不孤，必有邻。”皇侃将该章疏解为：“又一云：‘邻，报也。言德行不孤失，必为人所报也。’故殷仲堪曰：‘推诚相与，则殊类可亲。以善接物，物亦不皆忘，以善应之。是以德不孤焉，必有邻也。’”（皇侃，2007：68）其中，皇侃分别用玄学“以无为本”思想和佛教“三世”及因果报应说来解释孔子的思想。在话语方式上，所用义疏体就是佛教徒升座讲经的体式，打破了疏不破注的传统，经注兼注，有问答；“南北朝崇佛教，敷座说法，本彼宗风，从而效之，又有升座说经之例。初凭口耳之传，继有竹帛之着，而义疏成矣。”（马宗霍，1984：85－86）在语义内容上，汇集汉魏六朝《论语》注解，注重文本本义，即字面意义的传承，同时援玄、佛入儒，疏通文本含义，挖掘经典的思想价值，为文本本义的存在找到理由，使文本本义得以抽象和提升，使经典蕴含的哲学义理得以释放，为《论语》文本注入新鲜活力，有力推动了《论语》这个语篇的发展，为《论语》的进一步成长打下坚实的基础，指明了方向。

4.3 《论语》成长的第二个高峰

宋代是我国封建社会发展的鼎盛时期，“华夏民族之文化，历数千载之演进，造极于赵宋之世。”（陈寅恪，1980：245）宋朝的文化语境是，统治者为了加强专制集权，维护统治，采取了一系列的政策，如抑武重文，土地私有等，其时社会生产关系发生了变化，庶族地主通过科举进入统治集团，农民对地主的人身依附关系减弱，生产力得到一定程度的解放，土地兼并严重。这样就出现了社会经济发达，而国家贫弱，冗兵和冗吏而抵御外侵的能力软弱的现象，农民不堪重负，阶级矛盾激化，整个宋朝处于积贫积弱、内忧外患的语境中。而宋代重文，文化取得了前所未有的发展。作为国家意识形态，儒家思想充分体现了时代的特色，满足了时代需求，得到了极大发展，达到了登峰造极的高度。宋朝儒学的发展主要是在语篇的义理方面，主要成就是理学，即宋学，理学开始于北宋，完成和盛行于南宋，南宋朱熹是理学集大成者。

理学的形成和发展与宋朝社会文化语境密不可分，促成理学形成和发展的主要原因如下：一是生产力的发展促进了经济的发展，经济基础决定上层建筑，宋朝经济的发展要求意识形态的改变；二是宋代在天文、历法、数学、医学、印刷、火药、指南针等科技上取得了很大成就，随着科技的进步，人们对自然、人生、社会和其中的关系就一定会有新的认识；三是统治者需要的是儒家学说能为其维护政权、实施统治和解决社会矛盾和问题提供理论依据；社会各阶层需要安身立命和自身发展的思想寄托和精神信仰；四是其时道教和佛教分别在本体论和心性论方面占有优势，这既对儒学正统地位形成威胁和挑战，又为儒学的发展指明了方向；五是语篇的语义体现社会语境，语篇要想发展、被时代关注，就必须与新的情景语境和文化语境联系，体现时代价值观念，因此理学是儒学和儒家经典文本自身在新的语境中发展的需要；六是宋朝建立以后国家没有绝对统一，与周边少数民族的战争屡战屡败，靖康之乱北宋灭亡，宋室南渡，偏安一隅，宋廷奉行义和政策，国家、民族面临着存亡的危机。这种状况极大地激发了士大夫爱国、尊君、图强的热情和责任意识，积极投入到维护君主权威、重建社会伦理、经世济民的理论探讨和社会实践之中。

朱熹是南宋儒学的代表，他的社会交际行为即话语范围是，把《大学》和《中庸》从《礼记》中分离出来，将其与《论语》和《孟子》合在一起，统称为“四书”，并积四十年之功，为“四书”精心做注，将《大学章句》《中庸章句》《论语集注》和《孟子集注》合在一起，成《四书章句集注》或称《四书集注》。《四书章句集注》的完成，标志着朱熹“四书”学诠释体系的形成，标志着其理学思想体系的建立，标志着“四书”正式取代“五经”的地位。《论语集注》中，朱熹极少引用宋以前注家的经注，而是大量引用二程以来的理学家之说以建立其理学体系；朱注的特点是重义理的阐发，但也重训诂，训诂的目的是为了求义理，义理是以训诂为基础的。

在理学的形成和发展中，朱熹是情景语境中主要的参与者或话语基调。他顺应时代的要求，在前人的基础上，通过对《论语》等“四书”的阐释，阐发出以理为核心包括本体论、心性论、修养论、格物致知论等在内的一套精致完备的新哲学思想体系，给《论语》等儒家经典文本注入新的意义和生命，使儒家经典文本有了理论性或哲理性。《论语集注》是朱熹用四十多年的心血铸就的经典，是《论语》学最有影响的著作之一。如朱熹将《论语·八佾篇第三》第十三章中的“获罪于天，无所祷也”一句注为“天，即理；其尊无对，非奥灶之可比也。逆理，则获罪于天矣，岂媚于奥灶所能祷而免乎？”（朱熹，1983：65）。将《论语·公冶长篇第五》第十三章的“夫子之言性与天道，不可得而闻也”一句注为“性者，人所受之天理；天道者，天理自然之本体，其实一理也”（朱熹，1983：79）。将《论语·颜渊篇第十二》第一章“颜渊问仁。子曰：‘克己复礼为仁。一日克己复礼，天下归仁焉。为仁由己，而由人乎哉？’颜渊曰：‘请问其目。’子曰：‘非礼勿视，非礼勿听，非礼勿言，非礼勿动。’颜渊曰：‘回虽不敏，请事斯语矣。’”注为“仁者，本心之全德。克，胜也。己，谓身之私欲也。复，反也。礼者，天理之节文也。为仁者，所以全其心之德也。盖心之全德，莫非天理，而亦不能不坏于人欲。故为仁者必有以胜私欲而复于礼，则事皆天理，而本心之德复全于我矣。归，犹与也。又言一日克己复礼，则天下之人皆与其仁，极言其效之甚速而至大也。又言为仁由己而非他人所能预，又见其机之在我而无难也。日日克之，不以为难，则私欲净尽，天理流行，而仁不可胜用矣”（朱熹，1983：132）。他进而解释道：“天之所以为天者，理而已。天非有此道理，不能为天，故苍苍者即此道理之天，故曰：‘其体即谓之天，其主宰即谓之帝。’如‘父子有亲，君臣有义’，虽是理如此，亦须是上面有个道理教如此始得。”

（黎靖德，1994：621）理是朱熹哲学的本体概念，朱熹把天上升到理的高度，在其哲学体系中，天是自然的天，天既等同于天理、天道，又等同于体现社会伦理和秩序的礼，同时他把仁和德与天理联系起来。天理就是自然的本体，是正确的、必然的，任何人只要顺应天理，尊崇人伦，去除私欲，就能成为仁人。这样，封建伦理道德的永恒性、绝对性和合理性就得到了证明，就有了理论依据，同时，个人的修行也找到了方向。

朱熹的思想是适应当时社会发展需要的，是时代思想、文化和价值信仰的代表，成为其后几百年来中国封建王朝的正宗思想和国家意识形态，其《四书章句集注》也成为自元仁宗皇庆、延祐年间一直到清末各朝科举考试的标准。《论语集注》极大地推动了《论语》这个独特语篇的成长，在这个语篇的成长过程中，具有里程碑式的意义。

5. 讨论与结语

综上所述，一个优秀的语篇是有生命和生命力的，是不断成长的，最后可能成为文化的组成部分。一个语篇成长的根本原因是情景语境中话语基调的变化，即社会活动参与者的变化，即使是相同的参与者，也会因不同的时间、场合、目的等因素的变化而有不同的观点、意识和行为。系统功能语言学认为，每个语篇都表达三种意义：概念意义、人际意义和语篇意义。对于语篇来说，这三种意义的价值不同，其中，概念意义是语篇成为语篇的物质基础，是语篇赖以存在的前提。一个语篇在成长中如果其概念意义发生了变化，这个语篇就发生了质的变化，这种变化越大就离原来的语篇越远，就越不是同一个语篇了，这个语篇就不是对原来语篇的解读和发展了，实际上是一种创作了。比较而言，由于参与者的变化，语篇体现的人际意义肯定会有所变化，体现人际意义的语气、情态和评价词汇语法资源就会变化。而语气是体现语篇人际意义的语法资源之一，语气的变化对语篇主位结构的选择有一定影响，因而导致语篇意义的改变。从《论语》2 500 多年的成长过程可以看出，《论语》体现的人际意义和语篇意义在不同时代都有所变化，但其对语篇特征有决定性意义的概念意义没有太大改变，《论语》原始文本成了历代注释文本阐释的主题（topic），其概念意义受文化语境和情景语境变化的影响，不断更新、充实、丰富，语义不断由字面意义向语篇背后的含义，即义理延伸，不断释放出适应时代的意义。而语篇在人际意义和语篇意义的变化只要能与情景语境取得联系，又与文化语境适合，就是可以接受的，是对语域发展和语篇成长有益的，也是有意义的，值得提倡；否则对语域发展和语篇成长就没有贡献，应该避免。这应该是我们对语篇成长性判断的原则之一。

语篇涉及的参与者有两种，一种是语篇体现的实际情景语境中的参与者，一种是语篇外的创作者和读者，前者是显性话语基调，后者是隐性话语基调。与语篇成长直接相关的参与者大致有两种，即语篇创作者和语篇读者，都属于语篇背后隐性话语基调的参与者。语域发展和语篇成长就是由于语篇所涉参与者社会关系、社会地位、社会距离、交际角色、交际目的等的不同和变化导致的。作者从情景语境中发现和选择了有意义的内容并用语言来表征，创建语域，并通过词汇语法的选择使意义沉淀在语篇中。这个过程中，作者是创作主体，具有权威性，其创建的语域对语篇的措辞和表达起决定作用；读者处于从属地位。语篇一旦完成，读者的社会地位就会改变，读者是解读语篇，重建语篇语域的主体，由于读者的百科知识、意识形态、价值观念等与作者肯定不会完全相同，读者重建的语域就会与作者创建的语域有出入，语域就有新的内容被注入，语篇会被释解出新的意义，读者解读语篇的过程中，其重建的语域起决定作用。如果读者对语篇有新的解读，并把这些新的意义通过词汇语法表征出来，在原来语篇的基础上创作出新的语篇，语域就得到了发展，读者的地位和角色就又发生了变化，读者从重建语域的主体变成了重建和创建语域的双重主体，对解读语篇和创建新的语篇起决定作用。作者和读者的角色不断变化，从而导致语域不断被重建和创建，语篇不断成长，语域发展和语篇成长的本质是语义的发展和成长。从上面的陈述可以看出，《论语》这个语篇只有一个，其读者可有无数，阐释也有无数，不同的话语基调以训诂、章句、集注、注疏、义疏等形式给《论语》注入新的意义，推动这个语篇不断成长。《论语》历经 2 500 多年的演变，是语域发展和语篇成长最好的演示和例证。

值得一提的是，编辑是语篇读者中比较特别的一种，是语篇发表或出版前的读者，是语域发展和语篇成长中不可或缺的重要参与者之一，是隐性话语基调之一，几乎所有语篇在发表或出版前都得经过编辑的“关口”。这就要求作者创建的语域要和编辑重建和创建的语域要对等，二者的对等是绝对的，否则语篇就只能是个人创作，永远也不会变成作品，即成为公之于众的发表物或出版物。当然，作者创建的语域和编辑重建和创建的语域对等，并不是单向的，即一切以编辑的语域为准，而这个绝对的对等是双向的，以优秀者为准。如果作者的语域更好，更能体现情景语境中各学科和领域研究和发展的前沿和动态，编辑要予以肯定，否则，作者就要以编辑的语域为准，按照编辑的建议修改语篇。对于那些没有价值的语篇，编辑须坚决放弃。作者语域和编辑语域对等的过程实际上是一个通过编辑和作者有效交流和协调使语域（语篇体现的语义）得到优化的过程，对语域的发展和语篇的成长有着建设性意义。编辑就是因为能为社会发现、完善和提供优良的意义而得到社会的尊重和认可的，孔子就是最杰出的代表之一。因此，语篇是否体现情景语境，进而体现时代意识，即文化语境，是否体现新观点、新方法、新理论、新技术、新成果等，即是否有创新，不仅是衡量语篇是否具有成长性的主要依据，而且是编辑对工作对象即稿件予以评价和选择的主要依据。

概言之，创新是语篇得以存在和成长的基石，是语篇意义不断释放的源泉。体现时代主旋律，引领时代思想潮流，表征时代价值观念和意识形态，传播先进文化是语篇“不死”的秘密。语域发展和语篇成长的历史实质上是语域和语篇体现人类进步的历史，是社会发展和文化演进的历史。人是创新的主体，只有树立创新意识，高举创新大旗，才最能体现时代的意义，创造和传播文化，无愧于时代、社会和历史。

今天，我们处在以马克思主义为指导，全面建设社会主义现代化的新的语境之中，作为社会主义建设的主要参与者或话语基调，我们提倡和践行社会主义核心价值观，即富强、民主、文明、和谐、自由、平等、公正、法治、爱国、敬业、诚信、友善，也即我们从情景语境中发现的主要意义之一，我们有义务也有必要在继承儒家文化的同时，把这些意义注入到作为中国文化源头的《论语》等语篇中。这样，《论语》等语篇就一定会在这个新的语境中释放出体现时代价值观念的意义，为社会主义建设提供重要理论和精神支持，同时，语篇自身肯定能够得到新的发展和新的成长。

第十章　功能视角下的高校人文社科学报专业化发展研究

1. 引　　言

随着中国现代大学和现代学术思想的出现，中国大学学报应运而生，东吴大学于 1906 年创办的《东吴月报》是中国最早的大学学报（仲伟民、朱剑，2012）。这个时期出现的学报多数为综合性的，且表现为文理综合，如除《东吴月报》外，还有《北京大学月刊》《清华学报》《复旦》等（尹玉吉，2011）。

1978 年，党的十一届三中全会给我国高校学报的发展带来了前所未有的机遇，今天，我国高校学报有 2 508 种，占学术期刊 1/4 以上，其中，人文社科学报有 1 300 多种（乔家君，2016），形成了校校有学报的态势。学报是“学术和科研的主要体现平台”（高生文，2017c：45），是“我国科研事业的主力军，为我国教学和科研的发展做出了重要贡献”（高生文，2018：36），“高校社科学报的迅速发展，为我国高等教育事业和哲学社会科学事业做出了很大贡献”（袁贵仁，2002：7）。教育部一开始就对高校学报的功能和性质有明确界定，“高等学校学报是反映本校教学和科研成果为主的综合性学术理论刊物”（钱荣贵，1999：33），“高等学校学报是高等学校主办的，以反映本校教学和科研成果为主的学术理论刊物，是开展国内外学术交流的重要园地”（教育部，1998）。随着经济和科技的发展，在 21 世纪初，高校学报“全、散、小、弱”（袁贵仁，2002：9）的缺点逐渐显现出来，其同质化、水平低、千刊一面的问题也开始暴露出来，其综合性开始受到业界和学界的质疑和垢病。21 世纪初，教育部针对学报封闭办刊和千刊一面的局面提出了破解之策："倡导高校学报走整合之路，创办代表我国高校哲学社会科学学术水平的专业性学报；鼓励若干高校社科学报进行合作或联合，走联合之路，把刊物做大做强；支持高校社科学报在保持各高校主办的现有格局不变的情况下，根据各地和各校的实际和特色，创办特色栏目和名牌栏目，走内涵式发展之路，塑造各自刊物的学术个性和文化特征。"（教育部，2002）为高校学报发展开出了"上中下"，即专业、联合和特色三策。随之，学界和业界掀起了关于学报综合性、专业化和特色化发展的讨论（朱剑，2010，2011；尹玉吉，2011；田峰、尹玉吉，2013），但讨论各执一词，没有定论。在新形势下，高校学报到底如何向前发展，继续走综合性道路还是改走专业性道路抑或选择特色化道路？这个命题仍然是学界和业界关注和亟需解答的热点问题之一。本章从系统功能语言学视角对高校人文社科学报发展趋势进行讨论，为高校人文社科学报发展和研究提供理论依据，同时，为编辑学发展和学科建设有所贡献。

2. 体现和例示

系统功能语言学是普通语言学，也是适用语言学，可以解决各种与语言有关的问题，当然也可以指导和解决与学术期刊相关的问题，这一点已经初步得到验证（高生文，2017c，2018e）。

系统功能语言学从社会符号学出发，重视语言研究，同时重视语言使用环境及语言与语境之间关系的研究。社会是一个多层次的符号系统，不同层次符号系统之间存在体现关系（realization），相同层次符号系统内存在例示关系（instantiation）。语境是语言使用的环境，是语言外的一个符号层，语言和语境之间的关系是体现和被体现的关系，语言体现语境，语境被语言体现。语言又是一个多层次的符号系统，由语义、词汇语法和音系三个符号层次构成，其中，词汇语法体现语义，音系体现词汇语法。同一符号层内部不同符号之间从抽象到具体存在例示关系。在语言符号系统中，语言处于系统（system）一端，是抽象的，是意义制造和语言行为的规则和资源，语篇是具体的，可听可视的，是交际中表达意义的基本语言单位，是语言的示例

（instance）。同样，在语境符号系统中，文化语境处于抽象的系统一端，情景语境处于具体的示例一端，文化语境是情景语境的规则和资源，是社会活动创造和积累的财富。值得关注的是，系统和示例具有渐变性，二者构成一个符号渐变体（cline），语言是语言符号系统的系统，语篇是语言系统的示例，文化语境是语境系统的系统，情景语境是语境系统的示例。在系统与示例之间有无数的中间内容。从系统一端看，这些中间内容是符号次系统，具有系统性，从示例一端看，这些中间内容就成了不同的示例类型，具有示例特性。语言和语篇、文化语境和情景语境就像气候与天气一样，气候是长时考察的天气，天气是即时发生的气候（高生文，2017c），它们是从不同角度观察的同一现象（Halliday, 1992）。

系统功能语言学把语言与语境联系起来，清楚地回答了语言使用及与此相关的问题，具有划时代的重要意义。系统功能语言学关于语言与语境关系的讨论，关于语言符号中的体现关系和例示关系为高校人文社科学报发展指明了方向，提供了答案。

3. 高校人文社科学报专业化发展

3.1　专业化的必然性

功能语言学认为，符号系统总是由示例开始和表现的，由示例到系统是一个渐变的过程，是一个由量变到质变的过程。从示例到系统开始和发展的标志是创新。一篇有创新的论文在学术期刊上发表，其提出的观点和问题往往会引起其他学者的关注，他们会对同一问题或同一观点从不同的角度展开讨论，并把富有创新见解的论文发表在期刊上。就这样，已有的问题不断得到研究和解决，新的问题不断提出，不断研究，不断解答，研究不断深入。随着研究的深入发展，研究成果的积累，研究逐渐具有了学科性和系统性，示例不断向系统演进，一门新的学科就会逐渐建立。对于学术期刊来说，随着期刊发表该类研究成果的不断积累，特色越来越明显，影响越来越大，专业性越来越强，这就为期刊专业化发展奠定了坚实的基础。因此，我们可以断言，高校人文社科学报发展与学科的发展是同向的，其专业化发展是必然的。教育部为人文社科学报提出的专业化方向是合理的。

3.2 专业化的渐变性

功能语言学强调，语篇从示例到系统的演进是渐变的，一篇学术论文体现的学术思想发展成一个学科，学报从一个栏目建设成一种专业性学术期刊的过程注定是渐进的，需要经过相当长时间的建设才能成功。这个过程需要时间的聚集，更重要的是需要学术成果的聚集。那种一蹴而就的思想是不可取的。教育部要求人文社科学报特色化发展的策略是有依据的，学报这种特色化发展不是目的，只是一种过渡和手段，学报发展的目标应该是专业化。学报由示例到系统的发展过程的长短是由学报发表的每一篇学术论文的创新性决定的，论文创新性越大，论文对学科系统的贡献就越大，富有创新的学术论文越多，学报的专业化程度就高，专业化发展就越快。因此，重视稿件质量是人文社科学报建设和专业化发展的重点之一。

3.3 综合性的合理性

按照功能语言学的观点，同一层次的符号系统从示例到系统构成一个渐变体。如语言和语篇、文化语境和情景语境分别构成语言和语境两个符号系统的渐变体，语言和文化语境分别处于语言和语境层的系统一端，语篇和情景语境分别处于语言和语境层的示例一端。从上面的分析可以看出，系统是示例积累和演进的结果，具有抽象性，而示例正好相反，是事物具体的存在。任何学科和研究都是从示例开始的，这时，研究的系统性和学科性最弱，研究只是个别行为，研究人员和研究数量都很少，作为研究成果的学术论文自然就很有限。这样的研究和成果在质量和数量上还不能支撑一种专业性学术期刊的正常运作。这时，由多个学科成果构成的综合性学术期刊就应运而生，学报的综合性是历史的必然选择。我国改革开放头二十年，随着高等教育和学科研究的恢复和发展，高校人文社科学报迅速发展，呈现校校有人文社科学报的态势，具有反映本校教学和科研成果的综合性特征，为我国科学事业的复兴和发展做出了应有的贡献。

在学科发展到一定程度，研究越来越深，研究人员不断增多，研究成果越来越多，学科体系越来越健全，高校人文社科学报学科“均沾”的状况就越来越满足不了学科发展的需要，学报专业化的呼声就会出现，学报专业化发展由可能变成了必然。理论上看，学报应适应学科发展的趋势，逐渐转变为发表某一发展潜力大、学术价值高、影响力大的学科研究成果的专业性学术期刊，这时的学报专业性大。随着研究的不断深入，研究领域不断扩大，甚至出现跨学科的研究，这时学报的专业性就越来越小，综合性越来越强，又成为了一种综合性学报，只是由多学科综合变为单学科综合，由一级学科综合变为二级或三级等细分层级的学科综合。学科不断发展，学报就会不断沿着综合、专业、再综合、再专业这条路线周而复始地循环发展下去。从发展的观点看，学报综合性和专业性选择都有其合理性和必然性，任何为了强调其专业性而忽视其综合性的观点，是片面的，不科学的。反之，亦然。

符号由示例到系统，再由系统到示例，学报由综合到专业，再由专业到综合的渐变性和循环性如图 10－1 所示。

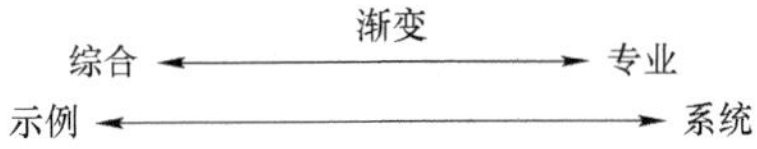

图 10－1　示例到系统、综合到专业的渐变性

4. 人文社科学报专业化发展的制约因素和策略

功能语言学从社会符号的视角出发，认为社会符号是一个多层次的符号系统，语境系统和语言系统是两个不同层次的符号系统，二者存在体现关系，即语言体现语境，语境决定语言。具体来说，作为示例的语言（语篇）体现作为示例的语境（情景语境），作为系统的语言体现作为系统的语境（文化语境）；反过来说，作为示例的语境（情景语境）决定作为示例的语言（语篇），作为系统的语境（文化语境）决定作为系统的语言，也就是说，语言的使用受制于语境。人文社科学报的专业化发展一定要根据学报具体的语境来实施，否则就不会顺利，也不会取得成功。

4.1 学报专业化发展的基础——语境聚集

功能语言学把语境纳入研究的范畴，具有划时代的意义。情景语境由三个情境变量构成，即话语范围（field of discourse）、话语基调（tenor of discourse）和话语方式（mode of discourse）。

其中，话语范围就是指情景中发生的事，包括行为主题、目的、结果、影响、性质、前景等；话语基调指行为的参与者，包括其社会地位、角色、关系、距离、目标、经验等；话语方式指语言在交际中起的作用，包括媒介、渠道、修辞方式等。语境决定语言，决定学报专业化发展的选择。在话语范围方面，随着研究在数量和研究主题方面的不断积累，研究表现出了清晰的学科属性，即文化性和系统性，研究的基础扎实，主题、目标和方向明确，研究方法先进，研究前景广阔，成长性好，这是学报专业化选择的物质基础，是学报专业化发展成败的关键。从话语基调看，随着学科研究数量的增多，学术性的积聚，研究的系统性、文化性和吸引力显现出来，越来越多的学者参与研究，越来越多的读者对研究产生兴趣，越来越多的学报编辑对研究有了全面深入的了解，通过各种途径成为该学科研究的专家和学者，对研究具有敏感性、鉴别力和引领性，与从事研究的一线专家成为兴趣相投，关系密切的朋友和知音，甚至成为研究伙伴和同事，使研究领域的专家和学者成为学报发展取之不尽的学术资源，成为学报铁杆作者和读者集群，以学报为平台，引领学术研究发展，这些资源是学报专业化发展必备的决定性因素。从话语方式看，现代科技使意义表达形式多样化，学科研究成果可以通过传统的纸质形式发布，也可以通过数字化、网络化、语义化等新媒体和新渠道来广而告之，当然，可以在各种媒介之间做出多样选择，这就为学术成果的传播和学报专业化发展提供了更多、更便捷、更好的途径。相反，如果学报在所处语境中学术研究资源、人际资源和技术资源积累和发展没有达到专业化必须的程度，脱离实际语境，强行专业化，专业化就没有基础，成功的可能性就不大。

4.2　学报专业化发展的制约性分析

从上面的讨论中可以看出，语境对人文社科学报的发展有制约作用。学报在具体发展的情景语境中随着话语范围、话语基调和话语方式情景资源的聚集，学报专业化发展有了坚实的物质基础。但有了基础只是为学报进一步发展提供了可能性和方向，并不是说学报就可以按照这个方向做，专业化发展就成了必然。对学报专业化发展的限制更大的语境因素还有许多，其中学报的主办单位和主管部门是其中十分重要的两个因素，在情景语境和文化语境渐变体中更加接近系统一端，对学报专业化发展的制约性更大。

高校人文社科学报是高校主办的，高校对学报的发展有直接的影响。学报专业化发展一定要在政策、专业、人力、资金、学术资源、编辑配备、技术、设施、场所等方面得到主办学校的大力支持。首先要让学校领导层看到学报发展“全、散、小、弱”的现状，学报综合性已经不能适应学科的发展，以及学报专业化发展的必要性和大趋势。然而，现在高校大有综合性发展的态势，这种态势和学报专业化发展就不可避免地形成矛盾，因此，这对矛盾的解决注定是艰难的，经历阵痛的，需要高校领导层的远见、智慧和勇气。然后，高校根据人文社科各个学科的发展现状和发展潜力、学校人文社科发展规划、学校整体发展目标等选择学报专业化发展的学科定位和专业基础。学科基础的选择是学报专业化发展十分重要的物质基础，是学报专业化发展成败的关键。同时，确定学报参与者，包括学报编辑人数、编辑在学校的地位、编辑的学术水平和能力、编辑的目标、编辑职业发展的方向等。学报编辑是学报发展的关键因素之一，编辑学者化已经是学界与业界的共识（高生文，2017b，2018a，2018b），高校在工资晋升、职称评定、学术培训、职业发展、评优评奖等方面应该给予学报编辑应有的认可，把学报学术编辑和学科教师同等对待，一视同仁，这样一定会激发学报编辑工作的积极性和热情，为学报在专业化建设中奉献才华，做出应有的贡献。另外，学报专业化发展的专业基础是本校优势学科资源，这是学报发展的基础和根基，这在学界和业界已经形成共识，这里不做过多讨论。但由于现行学术评价机制是以学报影响因子等为主要依据，而高校人文社科学报数量巨大，又几乎都是综合性的学术期刊，这就导致学报在这种评价机制中很难有优势，因此，学报很难得到优秀稿件，长此以往，积小积弱在所难免。学报专业化发展的第一要务就是首先要保住自己赖以存在的根，即本校的优秀学术研究成果，即学术稿件，这就需要学校必须清晰地意识到学报的发展就是学科的发展，学报与学科同样重要，因此，在政策上予以支持，如学校出台政策，鼓励本校教师把优秀科研成果发表在本校的学报上，把发表在本校学报的学术文章按重要核心类期刊论文对待，并予以一定稿酬和发表优惠，这样，学报就能以本校优势学术资源为本，同时吸引丰富的国内外学科优秀成果，真正形成学报与学科共同发展的良好态势，在专业化发展的道路上茁壮成长。

我国高校人文社科学报是教育部和新闻出版总署主管的，教育部负责学报的具体业务管理，新闻出版广电总局负责学报的行政审批和体制事宜。从语境层看，学报主管部门比主办单位更接近文化系统，对学报的制约性更大。这样，高校学报客观上就有了两个“婆婆”。而两个主管部门级别相同，各管各的，管办两体，互不统属，客观上形成了管理上的游离性、分散性、推诿性和不彻底性。因此，尽管两个管理部门都意识到学报专业化发展的必要性，提出了学报专业化发展的方向和要求，而学报专业化发展没有自主性，不明身份，没有具体时间表，没有明确的实施方案和保障措施，没有具体运作和管理机制，没有可行的考核办法和合理的评价标准，等等，这样，高校人文社科学报在专业化发展的道路上一直踯躅不前，收效甚微，基本上还在原地踏步。相信，随着学科的发展，体制和机制的完善，编辑主体地位的确立，学报专业化发展一定会取得突破。

在高校人文社科学报专业化发展的语境中，国家意识形态比学报主管部门离文化语境更近，系统性更强，对学报专业化发展的制约性更大。高校人文社科学报专业化建设无论采取什么措施，选择什么路径，实现什么目标，动用什么资源，都必须确立正确的政治导向，树立社会主义核心价值观，弘扬时代精神，传播先进文化，为社会主义服务，为人民服务，这是高校人文社科学报专业化建设和发展的前提、目标和原则，也是学报专业化发展的意义所在。否则，学报任何形式的发展都是毫无意义和价值的。

5. 结　　语

21世纪初，随着学科和学报的发展，教育部提出了高校人文社科学报专业化发展的号召。自此国内学界和业界关于学报综合性和专业化发展的争论不断，至今没有形成共识。这个命题仍然是学界和业界关注和亟需解答的热点问题之一。本章以系统功能语言学为视角，从符号系统符内和符际例示关系和体现关系两个维度对高校人文社科学报专业化发展的必然性、渐变性、可行性、制约性以及学报综合性的合理性进行了讨论，希望为高校人文社科学报专业化发展和研究提供理论支撑和方法指导，为编辑学发展和学科建设有所贡献。

从符号系统符内关系，即示例与系统之间的关系看，高校人文社科学报与学科的发展是同向的，其专业化发展是必然的，但学报专业化发展是一个由量变到质变的过程，这个过程注定是渐进的，过程的长短是由学报发表的每一篇学术论文的创新性和论文数量决定的，论文创新性越大，富有创新的学术论文越多，学报的专业化发展就越快。同时证明，学报不断沿着综合、专业、再综合、再专业这条路线周而复始地发展下去，而在发展的某个阶段，综合性学报的存在有其合理性。从符号系统符际关系，即语境与语言两个符号层之间的关系看，学术研究资源、人际资源和技术资源的积累和发展构成学报专业化发展坚实的物质基础，为学报进一步发展提供了可能性和方向。学报专业化发展要想成功，一定要首先在政策、专业设定、人力、资金、学术资源、编辑配备、技术、设施、场所等方面得到主办学校的大力支持。另外，还需主管部门管理体制和机制的完善，编辑主体地位的确立，实施方案和保障措施的明确，具体运作机制的设定，可行的考核办法和合理的评价标准的制定。更为重要的是，学报专业化发展一定要确立正确的政治导向，树立社会主义核心价值观，弘扬时代精神，否则学报专业化发展就失去了目标和方向，毫无意义和价值。

第十一章　关于高校人文社科学报特色栏目建设的思考

1. 引　　言

国内高校学报有 2 508 种，约占学术期刊总数的 1/4，其中人文社科学报有 1 300 多种（乔家君，2016），是我国科研事业的主力军，为我国教学和科研的发展做出了重要贡献。长期以来，高校学报“是高等学校主办的、以反映本校科研和教学成果为主的学术理论刊物”（教育部，1998），为本校教学和科研服务；而我国大学大多是向综合性大学发展，学科齐全是其主要特点，因此，学报的栏目设置与高校学科建设亦步亦趋，栏目综合性特征明显。这样，同质化、千刊一面、低水平重复就成了学报难以避免的问题，学报积小积弱的结局在所难免。特色栏目建设自然成了化解这一问题的有效方法之一。关于高校人文社科学报特色栏目建设也就成了高校学报界讨论的热点之一。21 世纪初，随着教育部“名刊”和“名栏”工程的实施，国内人文社科学报特色栏目的建设和研究达到高潮。纵观近十几年来关于特色栏目建设的研究，研究成果数量不少，但多流于经验介绍、具体方法的讨论等，对特色栏目建设遇到的可持续发展、有名无实等重要问题研究得不多，从深层次上对人文社科学报特色栏目建设学术性和理论性探讨的成果更是罕见。本章从系统功能语言学的视角对高校人文社科学报特色栏目建设的必要性、可行性和建设原理进行讨论，企冀为学报特色栏目建设提供理论支撑和方法指导，为编辑学的深入发展有所贡献。

2. 体现关系和例示关系简述

系统功能语言学是适用语言学。系统功能语言学创始人 Halliday（M.A.K. Halliday）认为："'适用语言学'是一个全面的、理论上强大的语言模型。正因为全面而强大，它可以解决许多理论问题和实际问题，而这些问题正是现代社会中以不同方式使用语言的不同群体一直遇到的。"（Halliday, 2008: 7）作为适用语言学的系统功能语言学"可以用来解决各种与语言有关的问题"（黄国文，2006：2）。学术期刊的组成内容就是一篇篇学术论文，即学术语篇，因此，系统功能语言学可以为学术期刊的研究和建设提供理论支撑。

系统功能语言学以人类学和社会符号学为研究视角，重视语言使用、语言使用的社会环境及其之间关系的研究。系统功能语言学认为社会是一个符号系统，语言和文化都是其中的符号系统之一。其中，语言系统是个多层次系统，由三个层次构成：语义层、词汇语法层和音系层。语境是语言之外的一个层次，由语言使用的直接环境，即情景语境和对语言使用和情景语境有制约作用的文化语境构成。Halliday 于 1992 年在"如何表达意义？"一文中提出了两个重要概念，即体现（realization）和例示（instantiation）。不同符号层次之间存在的关系是体现关系。其中，语境由语言体现，语义由词汇语法体现，词汇语法由音系体现。反过来说，就是语言体现语境，词汇语法体现语义，音系体现词汇语法（Halliday, 1992: 25）。语境、语言及语言内部各层次之间的体现关系如图 11－1 所示。

语境↘（语义↘（词汇语法↘音系））

图 11－1　语境与语言之间的体现关系（指体现）（Halliday, 1992: 25）

同一符号层次内不同内容之间存在的关系是例示关系。在语言符号层内，作为系统的语言和作为语篇的语言，即语言和语篇之间存在例示关系。语言是系统，是意义生成的潜势，是制造意义的资源，是语言使用的性质、规则和理论，语言是抽象的、间接的、看不见摸不着的。语篇是语言系统的示例，人们在不同的情景中创造出不同的语篇，表达不同的意义，语篇是具体的、直接的、看得见的、听得见的存在。语篇是语言表意，即使用的一级单位，也就是说，语言是通过语篇来表现的。Halliday 用气候和天气来形容系统和示例之间存在的例示关系，气候是天气长时间形成的总规律，是天气的理论，是系统和潜势；天气是气候的示例，包括温度、湿度、阴晴、风力等。文化语境和情景语境是语境层中不同的内容，二者之间也存在例示关系，文化语境是系统，情景语境是示例。文化语境和情景语境、语言和语篇就像气候和天气一样，是从不同角度观察的同一种现象，不是两种独立存在的现象（Halliday, 1992: 27）。

系统和示例构成一个渐变体，文化语境和情景语境、语言和语篇分别处于渐变体的两端，即系统端和示例端。两端之间有许多中间内容，这些内容可以分别从两端来考察。从系统一端来看，这些中间内容就是次系统，从示例一端来看，这些内容就是不同的示例类型。从语言系统来研究，语言与语篇之间有许多次系统，即语域，如网络语言、科技语言、日常语言等；从语篇一端来考察，语言与语篇之间有许多语篇类型，如学术语篇、文学语篇、议论语篇等。

Halliday 从体现和例示两个视角对语境和语言、语言和语篇及文化语境和情景语境之间的关系进行了阐述。语境与语言属于两个不同层次的符号系统，语境是语言外的一个层面，语言体现语境，其中，作为语篇的语言体现情景语境，作为系统的语言体现文化语境。文化语境和情景语境以及语言和语篇分别处于同一符号层，即文化语境和情景语境属于语境层的内容，语言和语篇属于语言层的内容，它们之间分别存在例示关系。语境和语言、语言和语篇及文化语境和情景语境之间的体现和例示关系如图 11－2 所示：

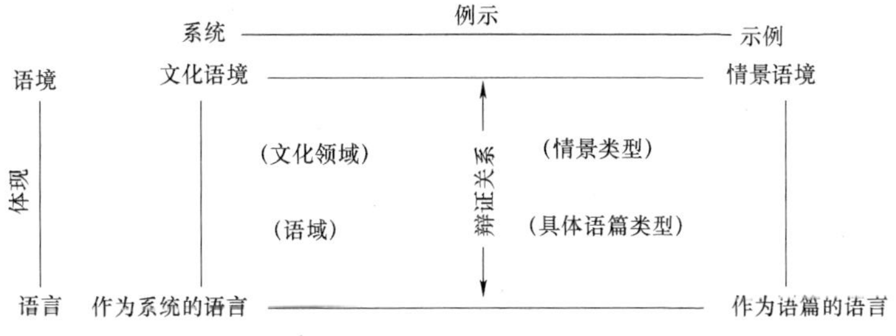

图 11－2　语言和语境、系统和示例的关系（Halliday, 1999: 8）

Halliday 关于语境和语言关系的研究打通了社会与语言的关系，为语言是如何使用的和语言是如何表达意义的问题找到了答案，同时为人文社科学报等学术期刊发展和期刊栏目建设指明了方向，具有战略性意义。

3. 学报特色栏目建设的系统功能语言学阐释

系统功能语言学体现关系和例示关系揭示了学术语篇表达的学术意义的源头和学术语篇的发展方向，揭示了决定社会符号系统中语言使用的横组合和纵聚合两种关系。就学报栏目而言，从横向看，每一篇学术论文都是栏目特色的组成成分，从纵向看，作为学科系统的特色栏目是由编辑、作者、读者等在不同符号系统中做出的一系列层际和层内选择的结果，这就为学报特色栏目建设和研究提供了理论依据和支撑。

3.1 例示：组合特色

对于人文社会科学学报来说，人文社会科学处于系统一端，是人文社会科学研究的潜势，学报刊载的每一篇文章处于示例一端，是体现科研活动的具体语篇。从语篇一端看，学报栏目就是语篇类型，即某类学术论文的汇集或总称，如“教育学”栏目刊登的是教育学理论和实践类的研究成果，编辑理论与实践类学术论文应发表在“编辑理论与应用”等栏目中；从系统一端看，学报栏目就是一个体现某种人文社会科学科研活动情景语境的学科次系统，即上文提到的语域，如“高等教育”栏目是教育学的次系统或二级学科，“编辑理论”栏目是编辑学的次系统。在系统—示例渐变体中，越靠近系统一端，内容越抽象，共性越多；相反，越靠近示例或实例，内容就越具体，个性越强，特色越突出。示例特色越大，越有创新，对系统的贡献就越大。因此，我们认为，作为文化语境次系统的学科规范和理论系统是由作为情景语境的具体科学研究活动积累和例示的，每一项科研活动的价值就在于在前人研究的基础上有所突破和创新，即站在学术前沿，推动学术进步，任何重复前人的科研活动都是没有必要的，对学科系统的发展是没有意义的。作为语篇的学术稿件直接体现作为情景语境的科研活动，科研活动的创新性是学术稿件的生命源泉，创新是稿件价值的核心，如果语篇只有一种永远不变的意义，就失去了存在的价值，失去了生命，就会“死亡”（高生文，2017：99）。同理，作为次系统和语篇类型的学报栏目对于作为系统的人文社会科学而言，就成了示例，就必须有创新和特色，且越接近语篇示例一端应该特色越明显。栏目设置在二级学科比设置在一级学科的特色大，设置在三级学科比设置在二级学科的特色大，以具体研究问题设立的栏目特色最大。这就为人文社会科学学报特色栏目的设立和建设的必要性、合理性和可行性提供了理论依据。学报特色栏目的设立和建设，尤其对于那些普通学报来说，无疑是一条必要、有效且可行的发展之路。

如前所述，系统是潜势、理论和资源，对示例有规范和制约作用；示例是系统的具体展示，而示例对系统有反哺作用，示例可以丰富系统，增强系统的适用性和应用性，突破旧理论，创立新理论，扩大研究领域，推动系统发展，促进学科建设和发展。因此，作为语篇类型和示例的特色栏目对作为系统的学科建设来说，意义重大，特色栏目建设对学科建设和发展不是可有可无的，而是十分必要的。同时，这也说明，在特色栏目建设中，既要重视学科理论的规范性和学术性，又要重视学术语篇的创新性，重视稿件对学科建设的贡献，即平常所说的重视稿件的质量，没有创新的稿件就没有质量，对学科建设和特色栏目建设的贡献不大。

在系统—示例渐变体中，系统是通过示例积淀而成的，示例总是向系统的方向逐渐发展的，这个过程是渐变的，具有渐变性。体现一个学科科研活动的学术语篇经过相当长时间的积累，就会揭示或形成某种学科的理论或规律，形成研究模式，通过这种方式，研究就越来越向学科系统靠近。学报所设栏目的特色并不是几篇学术论文在短时间内就能建构和呈现出来的，而往往需要在栏目这面大旗的引领下，通过发表相当数量有创新的学术语篇，经过相当长时间的积淀，最后才能显现出来。就像某地气候一样，不是几天、几个月甚或几年的天气就能表现出来的。因此，国内许多学报的名栏或特色栏目在成为名栏或特色栏目前都无一例外地经过了相当长的成长期。《北京科技大学学报（社会科学版）》“功能语言学”栏目就经过了近十年的持续努力，才在学界有了一定影响，成为“全国高校社科期刊特色栏目”和“北京市高校人文社会科学期刊名栏”；有的时间更长，如《渭南师范学院学报》的“司马迁与〈史记〉研究”就经过近三十年的建设（詹歆睿，2017），才成为教育部哲学社科学报名栏。栏目特色的形成，除了时间因素外，还有一个特别重要的因素，即栏目所刊发学术语篇的创新性。学术语篇的创新性大，对学科系统和栏目特色的贡献就大，这样的语篇越多，栏目特色形成得就越快。因此，注重稿件的质量是栏目建设的关键性内容之一。实践证明，在特色栏目建设中，主张栏目的连续性，注重稳定稿源，注重文章的质量和数量的想法和做法都是有科学依据的，也是行之有效的。相反，那种认为栏目特色一蹴而就的想法不科学。同样，认为特色栏目一设置就有特色，只重名不重实的想法和做法也不可取。

3.2 体现：特色栏目建设的决定因素和策略

系统功能语言学认为，语境是语言外的一个符号层次，语境和语言处于两个不同的符号层，语言体现语境，其中，作为语篇的语言体现情景语境，作为系统的语言体现文化语境。反过来看，语境决定语言，其中，作为示例的情景语境决定作为示例的语篇，是语篇表征的意义的源头，作为系统的文化语境决定作为系统的语言。学报特色栏目体现的是与学术研究相关的语境，特色栏目是编辑根据语境做出的选择，特色栏目建设其实就是栏目背后所涉学科研究，编辑、作者和读者培养，编辑、作者、读者、主管人员等之间人际关系的建立，媒体、渠道等一系列语境要素的建设，脱离具体语境的特色栏目建设是有问题的。对特色栏目的考察和研究其实就是对栏目背后所涉语境因素的考察和研究。

系统功能语言学创始人 Halliday 通过大量研究划时代地把情景语境抽象和归纳为三个情景语境变量：话语范围（field of discourse）、话语基调（tenor of discourse）和话语方式（mode of discourse）。话语范围指情境中实际发生的事，指正在发生的社会行为的本质，包括行为本身，行为主题、目的、结果、影响等；话语基调指社会行为的参与者，包括参与者的地位、角色、关系、距离、情感、目的等；话语方式指语言在交际中起的作用，包括媒介、渠道和修辞方式等（Halliday, 1985: 12）。情景语境其实就是栏目建设的源和根，学报设置特色栏目必须以自己所处的具体情景语境为依据，这样的栏目才有发展的基础和动力。学报可以根据学术研究的热点问题、前沿问题，研究的重要性，研究的成长性等（话语范围）设立特色栏目，也可以根据编辑资源、作者资源、读者资源、编辑与作者和读者的关系和距离、主管和主办单位的支持等参与者资源或人际资源（话语基调）来设置栏目，还可以根据媒介、渠道、修辞方式的呈现手段和技术（话语方式）来设置栏目。这三种情景语境因素不是独立的，而是相互关联、相互作用的，其中编辑是最能动的因素，是栏目建设的主体，是学术研究、栏目建设、各种资源协调的中心，因此，一个栏目的建设应该是以学术研究的特性为物质基础，以学术编辑为引领，以合适的媒介为手段，系统综合各种因素和资源的结果。

对于语言外的语境来说，情景语境是文化语境的示例，文化语境是情景语境的潜势和系统，是情景语境的规范、理论和总则。如前所述，就像语篇与语言一样，情景语境与文化语境也形成一个语境渐变体，它们分别是这个语境渐变体的两端，其间有许多不同程度的内容，这些中间内容从系统一端看是文化次系统，从示例一端看就是不同的情景类型。与语篇示例向语言系统渐变一样，情景语境总是向文化语境发展和渐变。从话语范围来看，学术研究活动经过一定时间的积淀，会形成一定的特色和特性，形成一定级别的学科次系统、学科分支或学科类型，如二级学科、三级学科、四级学科等；同理，两种或多种学科研究的跨界、碰撞和融合会形成新的交叉学科系统或类型；就如同一些地域色彩鲜明的社会活动会发展成有地域色彩的地域文化、民族风情、民族历史、民族文化等文化次系统或行为类型。从话语基调来看，经过相当长时间的积累，行为参与者的社会角色、地位、距离、关系、目的等都会有所改进，学报编辑会由稚嫩走向成熟，成为学有所长和有学术引领力的学术编辑和学术专家，培养了一大批与编辑关系紧密、兴趣相同、距离亲近的各种层级的优秀学者和优秀作者，改善了与校内外管理人员的社会关系，得到了校内外管理部门的大力支持，集聚了尽可能多的各种有用的优质资源，成为特色栏目建设的重要内容和重要资源之一。从话语方式来看，随着科技的进步，数字化、网络化、语义出版等新媒体和新渠道的出现，学报出版形式和传播手段多样化，这为栏目建设提供了有利条件和成功的保障。总之，根据已经有了一定特色积累的文化次系统或情景类型这些比较丰富的学术资源、人际资源和技术资源来建设特色栏目是比较理想的，栏目特色的形成和栏目建设成功的可能性很大。这就为学报特色栏目设置和建设指明了方向。如《西藏大学学报》的“藏学研究”、《渭南师范学院学报》的“司马迁与〈史记〉研究”、《湖南大学学报》的“岳麓书院与传统文化研究”、《北京科技大学学报（社会科学版）》的“功能语言学”等栏目，这些特色栏目都是从学报实际语境出发，根据自己掌控的学术资源、人际资源和技术资源优势，经过多年的苦心经营，其学术影响力越来越大，成为学界独树一帜的特色栏目，进而很好地提升了学报的学术影响力，有力地推动了学报的发展。在学报特色栏目建设中，那些没有特色、稿源不足、无以为继等现象在某种程度上都是忽视和脱离学报所处情景语境和文化语境因素导致的。

学报是高校主办的，是教育部等部门管理的，学报主办单位和主管单位对学报和学报特色栏目建设的制约作用比学术资源、人际资源、媒体技术资源等文化次系统更大，更接近文化系统。特色栏目建设应该首先依托本校学术资源，这在学报界和学界已经形成共识。但在以影响因子等数据为依据的现行学术评价对优质学术资源的影响下，最优秀的学术成果一般都想往国外大刊和名刊上投，中等或偏上优秀成果都想往国内中文核心等名刊上投，一般学报很难得到优秀稿件，稿源堪忧。由于数量多、综合性强等因素，高校学报虽然是我国学术交流和传播的主力军，但在现行学术评价环境中其影响因子等评价数据远不如国外大刊和国内专业类期刊，绝大多数高校学报被挤出 CSSCI 来源期刊、中文核心期刊等名刊之门，因此，高校学报特色栏目要想首先得到本校的优秀稿件，就必须得到主办单位在政策、人力、资金等方面的支持。如高校可以出台鼓励本校优秀科研人员在学报特色栏目发表优秀学术论文，把在特色栏目发表的文章按中文核心等重要期刊文章对待，提高稿酬，鼓励栏目编辑积极参与国内外学术活动等政策或办法来支持学报特色栏目建设。这样就很可能形成以本校优势学术资源为基础，辐射国内外学术研究领域的理想态势，栏目建设与学科建设相互促进，为栏目的可持续发展提供了有力保障。否则，纵有千条妙计，也难以施展。

在学报特色栏目建设的语境中，意识形态比主办和主管单位更接近文化语境一端，对学术研究，编辑、作者及读者资源积累，媒体技术应用等语境因素的制约更大，也就是说，特色栏目建设一定要确立正确的政治导向，体现时代精神和社会主义核心价值观，这是特色栏目建设的目标和方向，也是栏目建设和栏目发展的前提和本质，否则，特色越大，对社会危害越大。因此，体现时代价值，颂扬时代精神，为人民服务，为社会主义服务是特色栏目建设的重中之重。

概言之，学报特色栏目建设要以学报所处具体语境为基础，量力而行。尽管特色栏目建设对高校人文社科学报来说是一条有效且可行之路，但需注意的是，特色栏目建设肯定不是一条必选之路，适合高校人文社科学报发展的道路一定还有许多，高校学报可根据自己的语境去探寻更适合自己发展的道路，探寻不同的发展之路本身就是学报与众不同的特色之路。特色就是创新，就是发展，反之亦然。

4. 结　　语

特色栏目建设是破解高校人文社科学报同质化难题的有效途径之一，学界对特色栏目建设研究以经验交流为主，其理论性和学术性有待提升。本章以系统功能语言学为视角，从体现关系和例示关系两个维度对国内高校人文社会科学学报特色栏目建设的必要性、可行性、路径和原理进行了讨论，希冀为学报特色栏目建设和研究提供理论支撑和方法指导，为推动编辑学深入发展有所贡献。

本章首先对系统功能语言学的适用性及其体现关系和例示关系两个核心概念进行了分析；然后从语言和语境两个层面对特色栏目建设进行了语言和语境层际和层内两个维度的理论阐释；最后指出，特色栏目建设是一个学术语篇以时间和质量为保障由示例向系统的积聚和渐变过程，也是一个学术语篇背后所体现的情景语境由示例向系统，即文化语境的渐变过程，后者对前者有决定作用。因此，在特色栏目建设中一定要注重学术稿件的学术质量、稿件刊发的数量和稿件刊发的连续性，同时更要注重以学术编辑为引领的学术资源（包括学科资源、文化历史资源等）、人际资源（包括编辑资源、作者资源、读者资源、校内外管理人员资源等）和技术资源（包括媒体资源、渠道资源等）的培育和积累；特色栏目建设一定要以学报所处语境为基础和依据，脱离具体语境的特色栏目建设就像无源之水、无本之木、离水之鱼，其成功的可能性不大。更为重要的是，学报特色栏目一定要体现时代意识、价值精神和时代价值，否则就失去了目标和方向，陷入绝境。

第十二章　系统功能语言学视角下高校人文社科学报特色栏目建设

——以《北京科技大学学报（社会科学版）》“功能语言学”为例

1. 引　言

高校是学术和科研重镇，高校学报是学术和科研的主要体现平台。国内高校学报有 2 508 种，占所有学术期刊 1/4，其中人文社科学报有 1 300 余种（乔家君，2016）。高校学报是高校主办，高校发展直接影响学报的发展，由于高校综合性发展等因素，高校学报也呈现出综合性。因此，高校人文社科学报尽管数量庞大，但普遍存在低水平重复、质量差、影响小、同质化、千刊一面等问题，学报在高校内和学术界的影响和地位十分尴尬，在社会经济和文化科技迅猛发展的潮流中显得捉襟见肘，难以适应。专业化和特色化发展就成了刊界关注的焦点。教育部于 2003 年和 2004 年分别启动了“高校哲学社会科学名刊工程”和“高校哲学社会科学学报名栏建设实施方案”，即“名刊”和“名栏”工程，有力地推动了高校人文社科学报特色栏目的建设。随着“二名”工程的实施，特色栏目建设逐渐成了学界和业界研究的热点问题之一，有关研究的数量不少，而研究主要是对学报特色栏目建设的经验、做法等进行描述，对特色栏目建设的特色形成、可持续发展等问题讨论较少，从理论上对特色栏目建设进行探讨的研究更少。本章以系统功能语言学为视角，以《北京科技大学学报（社会科学版）》“功能语言学”栏目为例，对高校人文社科学报特色栏目建设进行讨论，企冀为高校人文社科学报特色栏目建设和研究提供理论依据和方法指导，进而为编辑学的深入发展有所贡献。

2. 系统功能语言学理论简述

系统功能语言学是以人类学和社会符号学视角来研究语言的，认为社会是一个多层次的符号系统，语言和文化就是其中的两个不同符号系统；重视语言使用、语言使用环境及语言和语言使用环境之间关系的研究。在符号层次关系的研究中，Halliday 提出了两个核心概念，即体现（realization）和例示（instantiation）（Halliday, 1992）。从纵向看，不同符号层次之间存在体现关系，其中，语言体现语境，语境被语言体现，语境决定语言。从横向看，同一符号层次内存在例示关系，其中，在语言层内，作为系统（system）的语言和作为语篇（text）的语言是语言符号的两极，语言系统是语义潜势（potential），是语言创造意义的总资源，具有无限可能性，是语言长期使用形成的理论和规则，语篇是系统的示例（instance），是人们在表达意义的过程中从语言系统中选择的结果。同样，在语境层内，作为系统的文化语境和作为示例的情景语境处于语境层的两极，文化语境是潜势和规则，情景语境是示例。系统和示例之间构成一个渐变体（cline），其间有无数中间内容。我们可以从系统和示例两极来考察这些中间内容，从系统一极看，这些内容是次系统，从示例一极看，这些内容是示例类型。从语言和语境系统看，这些内容分别是语言次系统和语境次系统，从语篇和情景语境一极看，它们分别是语篇类型和情景语境类型。系统和示例不是两种不同的现象，而是从不同角度考察的同一种现象的两个方面，系统是从更长一段时间考察的示例，示例是即时考察的系统，就像气候和天气一样，气候是长时考察的天气，天气是即时发生的气候（Halliday, 2004: 26 – 29, 2008: 12 – 16）。

Halliday 关于语言和语境关系的研究为语言如何使用、语义如何从社会进入语言、系统如何生成等问题找到了答案，具有里程碑式的意义。

3. 基于系统功能语言学视角的高校人文社科学报特色栏目建设

人文社科学报的主要内容是一篇篇的学术论文，人文社会科学和学术语篇构成一个学术渐变体，并处于这个渐变体的两极。学报栏目处于这个渐变体的中间，从系统一极看，是学科次系统，从语篇一极看，是一个语篇类型。学科是由相当数量体现学科研究的学科语篇积淀而成的，学报栏目的设置越靠近学科语篇一极越具体，越有特色，因此，栏目设置的学科层级越低越有特色，二级学科比一级学科有特色，三级学科比二级学科有特色，以此类推，以具体学科研究问题设置的栏目特色最大。

系统功能语言学认为，语境与语言是两个不同的符号层次，语言体现语境，语境决定语言。这就为学报栏目设置提供了方法和依据。学报的栏目设置要根据学报所处的情景语境和文化语境来定，并不是栏目设置的学科层级越低越可行，越成功。脱离具体语境，为特色而特色的特色栏目是没有特色和意义的，当然，也不可能成功。在人文社科学报特色栏目建设的大潮中，那些特色栏目没有特色、没有质量、稿源不足、无以为继等问题都是忽视具体的语境导致的。系统功能语言学创始人 Halliday 把情景语境概括为三个情景语境变量，即话语范围（field of discourse）、话语基调（tenor of discourse）和话语方式（mode of discourse）。话语范围指实际发生的事，包括行为主题、目的、结果等；话语基调指社会行为的参与者，包括其地位、角色等；话语方式指语言在交际中起的作用，包括媒介、渠道和修辞方式。人文社科学报可根据社会热点问题、学科前沿问题（即话语范围）等设置特色栏目，也可根据研究参与者资源、编辑资源等（即话语基调）来创设特色栏目，还可以根据予以体现的媒体、渠道等方式（即话语方式）来设立特色栏目，理想的状况是能基于这三种资源来设置栏目。《北京科技大学学报（社会科学版）》“功能语言学”栏目是根据学报的具体情景语境设定在功能语言学这个二级或三级学科之上，就是因为该学报拥有的独特而优秀的参与者资源：编辑行为和科研活动参与者，即话语基调，从而有了独特的优势学术资源，在很大程度上能够引领学术，促进栏目的可持续发展。该栏目主编和编辑拥有功能语言学方向的博士学位，除了从事编辑工作外，积极从事相关学科的研究工作，成果丰富，有一定学术影响，在学界社会地位较高，在国内外学术界具有一定话语权，与国内外知名学者人际关系密切，其社会距离近，更为重要的是其行为目的是为了提高学报的学术影响力，促进学报的发展，为功能语言学界提供一个学术交流平台，促进学科发展，因此，《北京科技大学学报（社会科学版）》“功能语言学”栏目得到了国内外功能语言学界学者们的大力支持，拥有国内外巨大的优质学术资源，能时刻站在学术前沿，引领学术发展。该栏目是到目前为止国内学术期刊（包括外语类专业期刊）唯一一个“功能语言学”专栏，栏目设置以来其成长性好，发展潜力大。关于该栏目建设的具体情况在下一节论述。

另外，在系统—示例渐变体中，语篇从示例到系统的变化是一个渐变的过程，具有渐变性，在一个语篇中体现的某个学术观点要发展成一种学科或学科分支需要经过长时间大量的研究才能完成。学报特色栏目处于学科系统的一极，栏目特色的形成不是一蹴而就的，需要经过相当时间的积累才能形成。栏目特色到底需要多长时间才能形成呢？这在某种定程度上是由栏目所刊发的学术语篇，即示例的创新性决定的，语篇的创新性越大，语篇对系统的贡献就越大，栏目的特色形成就越快。因此，重视稿件质量是学报特色栏目建设的重点之一。那种急功近利，重名不重实的办刊观念是办不出特色栏目的。《北京科技大学学报（社会科学版）》“功能语言学”栏目经过十多年的努力才逐渐在学界产生了较大影响，成为“全国高校社科期刊特色栏目”和“北京市高校人文社会科学期刊名栏”。

4.《北京科技大学学报（社会科学版）》“功能语言学”特色栏目建设

4.1 学报与“功能语言学”栏目概述

《北京科技大学学报（社会科学版）》于 1985 年创刊，历经《北京科技大学学报》（人文社会科学版）、《理论纵横》等不同的历史发展时期，现已从季刊（2013 年前）改为双月刊（2013 年后），国内统一刊号为 CN11－3975/C，国际标准连续刊号为 ISSN 1008－2689。该学报自创刊以来，始终坚持正确的理论导向，始终坚持“百花齐放、百家争鸣”的办刊理念，以求实、求深、求新为刊发论文原则，以学术质量的不断提升来谋求学报的长足发展。经过努力，学报的学术影响力持续增长，成功入选《中国学术期刊影响因子年报》统计源期刊、中国社科院中国社会科学评价中心会员期刊、人大复印书报资料重要转载来源期刊、国家哲学社会科学学术期刊数据库全文收录期刊、中国人文社会科学 AMI 综合评价 A 刊（核心）等，曾先后多次获得“全国高校优秀社科期刊”“全国理工农医院校社科学报优秀期刊”“首届《CAJ－CD 规范》优秀期刊”“北京高校人文社会科学学报名刊”“北京市高校人文社会科学优秀期刊”等多项荣誉。

其“功能语言学”栏目自 2008 年设置以来，指导思想明确，推出了一大批在功能语言学研究领域高质量、高水平的学术成果，在栏目建设中逐渐形成了自己鲜明的特色，体现了明显的学科优势，在学界产生了较大影响。目前，该栏目是《北京科技大学学报（社会科学版）》的重点建设栏目。“功能语言学”栏目获得了“全国高校社科期刊特色栏目”“北京市高校人文社会科学期刊名栏”等多项荣誉。

4.2　栏目宗旨

北京科技大学是一所以工为主，工、理、管、文、经、法等多学科协调发展的教育部直属重点大学，正努力建设成为“世界一流大学和一流学科”大学。有鉴于此，学报于 2008 年特别设置了“语言学”栏目（后改为“功能语言学”），目的是为文科的发展，尤其是为国内外语学科水平的提升打造一个交流平台，从而促进学校与学界的文化建设，最终繁荣学校和国内的人文社会科学研究。

栏目宗旨是：立足高校、倡导人文、求实创新、引领学科。

4.3 历史沿革

《北京科技大学学报（社会科学版）》“功能语言学”栏目自 2008 年设置以来，经历了“规划建设”“改革探索”和“深入发展”三个阶段。

4.3.1 规划建设阶段（2008 年—2009 年）

在“十一五”建设初期，北京科技大学外语学科本科专业、硕士专业的设置已初步完整，拥有了英语、日语和德语三个学士学位授予权专业，外国语言学及应用语言学、英语语言文学两个二级学科硕士点，外国语言文学一级学科硕士点。在这种情况下，外语学科的内涵建设被提到了全校学科发展的议程之上。在校、院两级的探讨中，外语学科带头人何伟教授（现为北京外国语大学教授，其重点研究领域之一是功能语言学）提议在学报中增加“语言学”栏目，这一提议得到了学校的大力支持。《北京科技大学学报（社会科学版）》“语言学”栏目应运而生。从 2008 年第一期开始，学报增设了“语言学”栏目，何伟教授兼任栏目主编和栏目编辑。

在“语言学”栏目规划建设阶段，栏目宗旨、发稿原则、审阅程序、编校标准等一一明确化，在此前提下，特别强调了栏目建设与国内外外语学科发展的关系，即：栏目引领学科，学科推动栏目。2008 年至 2009 年八期学报中，栏目共发表八组语言学领域的学术论文，每组基本为五篇左右，均为语言学界，尤其是外国语言学领域的前沿动态研究成果，汇集了语言学界专家学者的独到见解。此栏目发表的论文一经与读者见面，就得到了广泛好评。

4.3.2 改革探索阶段（2009 年—2010 年）

如何进一步提升栏目学术水平以及栏目在学界的影响力，是改革探索阶段要解决的一个重要问题。在与学界专家及相关学术期刊主编研讨后，语言学栏目决定逐步向国际语言学界专家学者约稿。为此，何伟教授将学报的组稿与国内外外语学科的学术活动紧密结合起来，在主办和参加外语学科国际学术会议期间，通过对前沿问题的研讨，特别邀请了相关专家为学报撰稿。这一举措得到了国际专家学者的大力支持。栏目在 2009 年第二期和第四期刊发了国际著名功能语言学家、加的夫模式创始人、英国加的夫大学 Robin

Fawcett 教授原创论文。

栏目的约稿范围从国内扩展到国外，一方面使论文质量有了很好的保证，另一方面也扩大了栏目以及学报在学界的影响，从而带动了整个学科的发展。

4.3.3 深入发展阶段（2010 年至今）

在前期取得了较好效果的基础上，“语言学”栏目在这一阶段集中思考的是“特色”问题，栏目特色化成了栏目发展的主要方向。与语言学类以及外语类专业期刊相比，一个以工科为主的高等学校的社会科学学报中的“语言学”栏目要想办出特色，并不是一件容易的事情。由于每一组稿件一般包括五篇左右论文，如果主题比较分散，就不容易体现学科特点，也不容易引起读者的高度关注。鉴于这种情况，“语言学”栏目紧密结合国内外外语学科的发展，以学科发展的主要方向为引领，每期均刊发专题研究论文。相应地，栏目名称也做了调整，自 2010 年第三期开始，栏目由“语言学”改为“专题研究”，自 2011 年第一期开始，栏目又改名为“功能语言学研究”，随着期刊刊期由季刊改为双月刊，自 2013 年第一期开始，栏目进一步改名为“功能语言学”，“功能语言学”栏目所刊论文主要是围绕七个不同的主题来展开的，七个主题分别为：“语用学”“多模态话语分析”“功能句法”“语篇及语类”“语境理论”“语法构建及应用”及“功能与认知”。这些主题又都属于功能语言学流派研究的主要领域，即主要话语范围。

除了强调“主题”特色外，“功能语言学”栏目同时注重作者的区域建设。除了关注国内以功能语言学为主要研究领域的高校作者群体外，该栏目放眼国际功能语言学领域，栏目主题更加全面，学术资源更加丰富合理。

同时，为适应栏目发展，学校为学报专门从北京大学出版社调来一名从事外语学术出版二十多年且专业为系统功能语言学的博士，任该栏目的专职编辑。优秀的栏目主编、编辑和国内外功能语言学学界形成良好合力，形成决定栏目建设资源的主要话语基调，这就为栏目的进一步发展打下了更加坚实的基础。

4.3.4 办栏思路

“功能语言学”栏目设置十多年来，刊发了 360 多篇高水平的原创学术论文，在学界产生了较大影响，被学界和业界评为特色栏目和名栏。办栏思路如下：

4.3.4.1 学科推动栏目，栏目引领学科

值学报所在高校提出建设外语学科内涵之际，具体讲，即重点建设外国语言学及应用语言学专业，使之带动整个外语学科发展之际，学报增设了“语言学”栏目，这为语言学专业，尤其是外国语言文学专业的发展创建了一个优势平台。近几年来，在栏目与学科的相互促进下，栏目的建设愈发显示出其勃发的生命力——特约组稿工作顺利，自然来稿数量日益增加，文章检索率、下载率、被引率快速攀升，在学界影响广泛而深入；学科的发展也生机盎然，成效显著——北京科技大学于 2011 年 3 月获得“外国语言文学一级学科博士学位授予权”，目前国内外已有十几位著名语言学家或知名学者成为学校的客座教授或兼职教授，比如系统功能语言学派的创始人、澳大利亚悉尼大学荣休教授 Michael A.K. Halliday 先生，澳大利亚麦考利大学荣休教授 Ruqaiya Hasan 先生，英国加的夫大学荣休教授 Robin P. Fawcett 先生，香港理工大学英语系主任 Christian M.I.M. Matthiessen 教授，香港城市大学 Jonathan Webster 教授，英国加的夫大学 Adam Jaworski 教授，英国利物浦大学 Geoff Thompson 教授，北京大学胡壮麟教授，华南农业大学黄国文教授，复旦大学朱永生教授，同济大学张德禄教授，厦门大学杨信彰教授，北京师范大学田贵森教授，等等。这就既为学科发展打下更扎实的基础，同时又为栏目建设注入强大动力。

4.3.4.2 主题触发研讨，研讨衍生主题

北京科技大学功能语言学研究团队在国内外都具有一定的影响力，多次举办高水平、高层次的学术研讨会，比如 2008 年 3 月份的“第八届中国系统功能语言学学术活动周”，2009 年 11 月份的“第一届中国系统功能语言学战略发展研讨会”“第五届功能语言学与语篇分析高层论坛”，2010 年 5

月份的“第六届功能语言学与语篇分析高层论坛”，2011 年 5 月份的“北京科技大学功能语言学研究中心成立仪式”，2012 年 12 月“第一届中国系统功能语言学战略发展研讨会”，2013 年 7 月“世界语言：角色和功能国际高层论坛暨 Journal of World Languages 期刊发布会”，等等。上述学术活动的举办，可以认为，在一定程度上源自学报“语言学”栏目，栏目多期稿件的主题，尤其是专题研究稿件的主题，触发了学术活动的展开。比如在两届“功能语言学与语篇分析高层论坛”活动期间，多数参会学者探讨了功能句法、多模态话语分析、语类、语境理论等话题。同时，学术活动的开展也衍生了栏目的主题，比如在“第一届中国系统功能语言学战略发展研讨会”期间，与会代表均从不同层面探讨了外国语言学理论的本土化研究，该议题促使栏目思考将来的稿件主题。在 2012 年第一期，“功能语言学”栏目组织了一组有关汉语句法研究的原创论文，非常具有前瞻性。类似的论文将为外国语言学理论的本土化适用研究开创一个崭新的局面。目前，学术研讨与栏目主题已成为“功能语言学”栏目建设的基石之一。

4.3.4.3　栏目专题化，作者国际化

“功能语言学”栏目在“深入发展阶段”逐步探索出了一条卓有成效的求实创新之路。由于高校学报具有综合性特点，要想使其中的栏目特色鲜明、吸引学界的注意，非常不易。出于进一步提升栏目在学界影响力的目的，围绕“特色”这个关键词，“功能语言学”栏目多次与学界专家学者、相关专业期刊主编进行沟通和交流，最终提出走“栏目专题化、作者国际化”的路子。自 2010 年第三期以来，“功能语言学”栏目已成功推出了 39 期专题研究论文，共 200 多篇，作者既有国内的，也有国际的，如，澳大利亚悉尼科技大学艺术与社会科学学院的苏珊·霍德（Susan Hood）教授、华南农业大学外国语言文学一级学科带头人黄国文教授等。专题化和国际化已成为栏目建设的战略决策之一。

4.3.4.4　借助人事支持，发挥科研优势

“功能语言学”栏目自规划之日起，就由学界专家担任栏目主编，负责栏目的策划、组稿、审稿等工作，此做法得到了学校的大力支持。栏目主编，

现为栏目特邀主编，具有文学博士学位，研究方向是系统功能语言学，从事过博士后研究工作，原为北京科技大学外国语学院教授、外国语言文学一级学科带头人、博士生导师，现为北京外国语大学中国外语与教育研究中心副主任、教授、博士生导师，Journal of World Languages 联合主编，Functional Linguistics 副主编，中国英汉语比较研究会（一级学科）理事，国际系统功能语言学学会理事，国际生态语言学学会系统功能语言学学界代表，中国生态语言学研究会会长，英汉语篇分析专业委员会副会长，功能语言学专业委员会常务理事，北京市优秀教师，教育部新世纪优秀人才，多次赴国外访学研究、参加国际学术会议，科研成果丰富，主持多项国家级及省部级科研课题，荣获多个省部级奖励，在国内及国际功能语言学界具有广泛的影响。现栏目编辑具有系统功能语言学研究方向博士学位，北京科技大学功能语言学研究中心成员，中国生态语言学研究会常务理事，《北京科技大学学报（社会科学版）》编辑部主任，多次参加国际及国内高水平学术会议，主持和参与包括国家社科基金项目在内的多项科研课题，曾在国内优秀出版社负责一线学术编辑工作多年，业务出众，专业优秀，学术成果丰富，多次获得“全国理工农医院校社科学报优秀编辑奖”“全国理工农医院校社科学报优秀论著奖”“北京市高校人文社会科学期刊优秀编辑”“全国理工农医院校社科学报优秀主编”等。也正是凭借栏目主编和编辑的这种学术背景和专业背景，该栏目在较短时间内彰显了其在主题设置、作者区域建设、组稿等方面的优势。

4.3.5 社会影响

“功能语言学”栏目自设置以来，所推出的学术论文在学界产生了较好的反响，得到了国内外功能语言学界的普遍认可和高度评价。中国知网等数据平台数据显示，栏目文章下载频率和他引情况良好，其中多数文章被多次他引。部分文章为高水平学术会议的宣读论文，部分文章系国家级、省部级科研课题研究成果。

自设置以来，该栏目受到了国内外功能语言学界专家学者的称赞。系统功能语言学创始人、澳大利亚悉尼大学荣休教授 Halliday 先生，著名功能语言学家、英国加的夫大学荣休教授Fawcett先生，著名功能语言学家、香港城市大学Webster教授，国内著名功能语言学家、北京大学资深教授胡壮麟先生，前国际功能语言学协会主席、中国功能语言学学会主席、教育部“长江学者”特聘教授、华南农业大学外国语学院院长、北京外国语大学“外研”讲席教授、《中国外语》主编黄国文教授等，均对该栏目的建设给予了高度评价和大力支持。

目前，国内外许多从事语言学，尤其是功能语言学研究的高校鉴于“功能语言学”栏目的广泛影响而订购了所在学报，并把该栏目的相关文章作为相关专业硕士研究生和博士研究生的必读文献，有的甚至把该栏目发表的学术论文当做CSSCI等重要来源期刊论文来评价论文作者。

“功能语言学”栏目曾获得“全国高校社科期刊特色栏目”“北京市高校人文社会科学期刊名栏”等多项荣誉。栏目编辑多次获得“全国理工农医院校社科学报优秀编辑奖”，并被评为“北京市高校人文社会科学期刊优秀编辑”。

总之，该栏目在创办国际一流学术刊物、推动学科交流和发展、为学术创新和学术争鸣等方面做出了有益探索，也为理工科院校办好人文社会科学学报，做出了有益探索。

4.3.6　建设名栏的目标和措施

目前，北京科技大学学报（社会科学版）“功能语言学”栏目获得了“全国高校社科期刊特色栏目”“北京市高校人文社会科学期刊名栏”等多项荣誉，并被北京科技大学和《北京科技大学学报（社会科学版）》评为最具特色、最为优秀的一个栏目，成为学报重点建设的一个栏目。其建设目标和措施为：

4.3.6.1　注重主题策划，使专题论文刊发常态化

对于一个以工科为主的高校学报（社会科学版）来说，要办出特色，必须在栏目主题上做足文章。换言之，需要高度重视主题策划环节，发挥栏目主编和编辑的科研优势和专业优势，运用栏目主编和编辑在学界和业界的影响力，使栏目专题研究论文的刊发成为一种常态，使每一期的论文均系专题

明确，创新突出的优秀文章。这种专题论文具有明显的优势，一方面原创性好，另一方面受关注度高。

4.3.6.2 强调学科基础，使研究特色突显化

“功能语言学”栏目建设将一如既往地与本校及国内外外语学科的发展紧密结合起来。目前，本校已拥有“外国语言文学一级学科博士点”，功能语言学为其主要发展专业，因而该栏目有了强有力的学术支撑。学报“功能语言学”栏目的建设将继续体现本校和国内外外语学科功能语言学研究的特色及优势，使之与学科发展形成一个良好的互动系统。

4.3.6.3 重视学术研讨，使学术会议主办定期化

在前期基础上，“功能语言学”栏目将联合学国内外外语学科，定期主办高水平的学术研讨会，力争实现栏目主题触发学术研讨、学术研讨衍生栏目主题的良好效果和良性循环，使栏目推出的文章均为学术前沿成果，最终使栏目及所在学报达到和实现繁荣高校人文社会科学领域的高度和目的。

4.3.6.4 加强国际联系，使学术影响力持续提升

栏目正是基于栏目特邀主编和编辑（即话语基调）在学界的影响力，才拥有了丰富的学术资源，才得以持续快速发展。在此基础上，栏目将继续加强与国内、国际知名专家学者和学术团体的联系，重视作者群体国际化建设，力争使栏目的学术影响力和学术引领力得以持续提升和不断发展。

5. 结　　语

本章以《北京科技大学学报（社会科学版）》“功能语言学”栏目为例，从系统功能语言学视角对高校人文社科学报特色栏目建设的必要性、可行性和建设方法进行了论述。我们认为，学报特色栏目建设是学报发展的有效途径，栏目设置越靠近语篇，特色越明显；而特色栏目建设必须以学报所处情景语境为依据，充分体现学报拥有的对学报特色栏目建设有决定作用的地域

文化、编辑、学术等语境资源。同时，文章揭示了特色栏目的特色是由大量学术语篇经过相当长时间的积淀形成的，学术语篇的创新性越大，特色形成得就越快。那种急功近利、有名无实等做法是办不出特色栏目的。我们希望通过讨论，为高校人文社科学报特色栏目建设提供理论指导，为特色栏目研究提供新的视角，对编辑学发展有所贡献。

第十三章　系统功能语言学视角下高校学报在“双一流”建设中的发展研究

1. 引　　言

建设世界一流大学和一流学科（简称“双一流”建设）是我国进入新时代教育强国的重大战略决策。随着教育部、财政部和国家发展改革委《关于公布世界一流大学和一流学科建设高校及建设学科名单的通知》的颁布，“双一流”建设进入实施阶段。高校学报尽管数量多，为我国教育和科研做出了重要贡献，但由于多方面的原因，整体显得比较弱小，没有得到应有的发展。国家“双一流”建设的实施无疑为学报摆脱困境，得到更好的发展提供了前所未有的机遇。学报如何在“双一流”建设中与学科建设相互促进，为“双一流”建设做出应有的贡献，同时使学报自身得到大的发展，是一个既有现实意义，又有学术价值的重要课题。本章从系统功能语言学视角对高校学报如何在“双一流”建设中得到更大发展这一命题进行讨论，希冀为高校学报发展提供理论阐释和实践参考。

2. 理论简述

系统功能语言学注重对语言使用和语言与语言使用环境，即语境的研究，正是因为重视对语境的研究，使得系统功能语言学与众不同。系统功能语言学把社会符号学作为研究视角，提出了层次、系统、元功能、语境、功能和盖然率六大核心思想。本章主要涉及其层次理论，在论述中兼涉有关系统、语境等内容。

系统功能语言学认为，社会是一个多层次的符号系统，语境和语言是其中两个符号系统。语境是语言外的一个符号层，是语言使用的环境，包括语言使用的直接环境，即情景语境（context of situation）和对语言使用有制约作用的文化语境（context of culture）。语言本身是一个多层次的符号系统，包括语义层（semantics）、词汇语法层（lexico grammar）和音系层（phonology）。那么不同符号层和同一符号层内不同内容之间有何关系？这些关系如何发生和建构呢？

系统功能语言学创始人 Halliday（M.A.K. Halliday）通过大量研究提出了两个重要概念，即体现（realization）和例示（instantiation）。其中不同符号层之间存在体现关系，同一符号层内不同内容之间存在例示关系（Halliday，1992）。语境是语言外的一个符号层次，语言体现语境；语言内部三个层次的体现关系是：词汇语法体现语义，音系体现词汇语法。

至于同一符号层，不同内容由于抽象程度、发展程度不同和观察视角不同存在例示关系。其中，抽象的一端是系统（system），具体的一端是示例或实例（instance）。在语言层内，作为系统的语言（language）和作为示例的语篇（text）分别处于语言层的两端，语言系统是由无数语篇例示的，语言系统是语言创造意义的潜势（underlying potential）和资源，是语言使用的规则和理论；语篇是语言使用的产品和示例。在语境层内，文化语境是系统，是社会活动经过长时间的积累而展示出来的运作潜势、模式、规则、指导思想和理论，情景语境是文化语境的示例，是具体发生的社会活动和社会事件。

同一符号层中系统和示例就是通过例示关系联系起来的。系统和示例之间形成一个例示渐变体（cline of instantiation），其间有许多中间内容。从示例一端出发，我们可以总结出许多示例类型，这样，我们就越接近系统一端；从系统一端来看，这些中间内容就是次系统。我们可以从语篇一端来研究语言，通过对许多不同类型的语篇进行分析，我们会识别出许多语篇类型，如食谱、天气预报、电子邮件、新闻等语篇类型；我们也可以从系统一端来考察语言，我们会区分出许多语言次系统，与语境类型相关联的语言功能变体，即语域（register），如科技语言、文学语言、学术语言等。同样，从情景语境一端看，我们会发现许多情景类型，从文化语境一端看，我们会识别出许多文化次系统。就像天气与气候一样，语言与语篇以及文化语境与情景语境分别是从不同视角观察的同一种现象，而不是两种不同的现象。

作为适用语言学，系统功能语言学关于语境与语言关系的研究为语言是如何使用、意义如何生成、语篇如何表达意义等问题找到了答案，同时，为高校学报如何在“双一流”建设中抓住机遇，得到发展提供了理论阐释。

3. 系统功能语言学视角的高校学报在“双一流”建设中发展的讨论

2015 年 10 月，国务院印发了《统筹推进世界一流大学和一流学科建设总体方案》（国务院，2015），2017 年 1 月教育部、财政部和国家发展改革委印发了《统筹推进世界一流大学和一流学科建设实施办法（暂行）》（教育部、财政部和国家发展改革委，2017a），2017 年 9 月，教育部、财政部和国家发展改革委颁布了《关于公布世界一流大学和一流学科建设高校及建设学科名单的通知》（教育部、财政部和国家发展改革委，2017b），“双一流”建设进入实施阶段。“双一流”建设“以一流为目标”，“以学科为基础”，“以立德树人为根本”。这就为“双一流”建设制定了方针、规则和理论，是“双一流”建设语境中的文化语境，处于“双一流”建设系统一端，对“双一流”建设的具体实施有制约作用。高校是“双一流”建设的主体，是“双一流”建设文化语境的次系统，是“双一流”建设的管理者、组织者和实施者。学科建设是“双一流”建设的具体情景语境，科学研究和人才培养是学科建设的主要内容，学科建设是高校的立校之本，是衡量高校是否一流的前提和标准。学报是引领和展示高校学术研究及学术成果的重要窗口，是培养学术人才的重要园地，是高校学科建设的重要内容之一，学报的发展水平是衡量高校学科建设水平的重要标准之一。下面我们从学报的功能、学报与学科相互促进和共生共荣、学报发展的困境与摆脱困境的策略等方面来讨论学报如何为“双一流”建设做出应有出贡献，同时，注重机遇，实现自身发展。

3.1 高校学报的功能

高校学报因高校学术研究和交流而生，是展示高校学术成果的重要学术平台。学报与高校和学科建设有着天然的共生共荣的密切关系。东吴大学的《东吴月报》是学界普遍认同的我国最早的学报，其创刊号《学桴》的办刊宗旨是：“以表学堂之内容，与当代学界交换知识。”（王国平、熊月之，2006）在学报运作的语境中，作为学报运作文化语境的教育部等主管部门曾多次就学报功能问题做出过规定，1978 年，教育部在《关于办好高等学校哲学社会科学学报的意见》中指出：“高等学校学报是反映本校教学和科研成果为主的综合性学术理论刊物。”（钱荣贵，1999）1998 年，教育部在《高等学校学报管理办法》中把学报界定为：“高等学校学报是高等学校主办的，以反映本校教学和科研成果为主的学术理论刊物，是开展国内外学术交流的重要园地。”（教育部，1998）2002 年，教育部在《关于加强和改进高等学校哲学社会科学学报工作的意见》中认为：“高等学校哲学社会科学学报是高等学校主办的、刊登哲学社会科学研究论文的、高层次学术理论刊物，是高等学校教学科研工作和我国哲学社会科学事业的重要组成部分。它连续、集中、全面反映高校教学科研成果，是传播社会主义先进文化的重要载体，是展示高校学术水平的重要窗口，是开展国内外学术交流的重要桥梁，是发现培养学术人才的重要园地，是塑造学校形象、创造学校品牌的重要途径。”（教育部，2002）2015 年，教育部和国家新闻出版广电总局联合下发了《关于进一步加强和改进高校出版工作的意见》，其中进一步强调：“高校出版是我国教育事业和出版事业的重要组成部分，是传播社会主义先进文化的重要阵地，是培养德智体美全面发展的社会主义建设者和接班人的重要力量。高校要充分认识高校出版工作在立德树人根本任务中的特殊重要性，把出版工作摆在重要位置，纳入学校发展总体规划，支持出版单位的改革发展，加强对出版单位的管理，充分发挥高校出版工作在人才培养、科学研究、社会服务和文化传承创新中的重要作用。”（教育部、国家新闻出版总署，2015）

概言之，高校学报在展示高校教学科研成果、人才培养、社会服务以及文化传承与创新方面的作用是不可替代的，而科学研究、人才培养、社会服务和文化传承与创新就是高校学科建设的核心内容，同时也是高校的主要功能。因此，高校学报是高校学科建设的重要组成部分，是“双一流”建设的核心内容和重要抓手，高校学报的发展对“双一流”建设有着不可或缺的重要意义。

3.2 学报与学科相互促进，共生共荣

如前所述，一流学科建设是一流大学建设的基础，科学研究是学科建设的核心内容。科学研究是“双一流”建设语境的情景语境，处于示例一端，是“双一流”建设的前沿。在科学研究的情景语境中，科研人员时刻站在研究的前沿，通过大量的研究，从研究活动中发现了有价值的“意义”，然后把这个“意义”用语言表征，写出学术论文，即学术语篇或学术稿件，使这个“意义”得到体现，成为可以阅读和交流的有形存在。这时的学术语篇还只是一个半成品，是科研人员的个人创作，由于认识角度、学科水平、研究目的、价值观念等不同，这个语篇从内容到形式肯定存在各种各样的不足。学术稿件要想成为供传播和交流的学术成果，成为公之于众的作品，就必须经过包括学报在内的学术期刊的转化。学报编辑代表学报，分别使学术稿件与语言系统、学科规范系统、社会意识形态等系统联系，从语言、学术性、创新性、价值观念等从低到高、从示例到系统对稿件进行判断和选择，然后通过三审三校，使稿件从形式到内容得到进一步提高，达到语言规范、学科规范、意识形态和创新要求，最后通过学报公之于众，成为公共学术成果。从科研活动的情景语境到科研成果的转化这个过程可以看出，学术语篇是科学研究和学报工作的共同对象，科研和学报是学科建设同一事件的两个主要方面，或前后两个主要环节，都是学科建设的重要内容，二者性质相同，目标一致，相互依存，一方的发展必然引起另一方的发展，反之亦然，二者天然形成了一个地地道道的荣辱与共的命运共同体。

3.2.1 学科建设促进学报发展

3.2.1.1 学科建设是学报学术质量的基础

根据系统功能语言学符号层次理论，语境与语言是两个不同的符号系

统，语言体现语境，其中，作为语篇的语言体现情景语境，反过来说，语境决定语言，作为示例的情景语境决定作为示例的语篇，情景语境是语篇所表征的意义的源头。学报稿件，即学术语篇，体现的是学科建设的情景语境，围绕前沿学术问题展开的学科研究是学术语篇体现的意义的源头，前沿学科性研究既为学报提供大量优秀稿件，又为学报培养了大批优秀作者，优秀稿件和优秀作者是学报的重要学术资源，是学报学术质量和学术影响力的坚实基础。

3.2.1.2 学科建设是学报学术质量的保障

学科建设是高校建设的基础，在学科建设中，培养和引进了大批在国内外有重要影响的学科带头人、学术骨干和专家，这些一流专家时刻站在学科的最前沿，引领学科研究的方向，这些专家多数是学报的审稿专家和栏目特约主编，他们对本校学报有着天然的情感，对学报审稿和组稿工作富有责任心和敬业精神，他们是学报学术质量的有力保障。

3.2.1.3 优势学科建设是学报特色栏目建设成功和发展的基石

优势学科建设是高校立校之本，优势学科的优势是通过高校在人才培养、梯队打造、资源配置、政策倾斜等方面下过血本，并经过长时间的积累和建设形成的，优势学科往往人才济济，梯队稳健，资源丰富，这些学科在国内外的影响和地位是很高的，有很强的话语权，是高校核心竞争力的体现。在这些优势学科研究中发现的学术意义富有学术性、创新性和引领性，以这些学者和专家为主要作者队伍，以优势学科为依托创设的特色栏目是十分理想的选择，栏目的特色鲜明，发展潜力大，学术影响力大，同时这些专家和学科也是学报最具竞争力的资源。

3.2.2 学报发展推动学科建设

3.2.2.1 及时展示学术成果，抢占学术高地

学术性是学报的本质属性，学报是学术公器，学报是学术规范和学术创新的代表，高校学科研究的主要体现形式——学术论文——必须经过学报这个权威平台的认证，才能获得社会的认可，成为公之于众的学术成果，学科

研究发现的新观点、新方法、新理论等的认可和评判是以其在学术期刊发表的时间为标准的，谁的学术新发现先发表，谁就能在国内外学术界抢占学术高地，产生极大学术影响力，使学科和高校树立起很好的学术形象，获得很高的学术声誉。高校学报是高校教学和科研的体现，是“展示高校学术水平的重要窗口”（教育部，2002），学报水平就是学校水平的反映。高校学术研究成果，即学术产品，通过学报进入社会，展示实力，树立声望，确立地位。

3.2.2.2　引领学科建设

学报编辑是学术编辑主要成分之一，学术编辑具有两面性：学术性和技术性（高生文，2017）。学术性是学报编辑本质特征，学报编辑对学术研究，尤其是对高校学科研究信息具有职业敏感性，这是编辑特有的一种素质。学报通过编辑策划选题、设置专栏和专题、建设特色栏目、制定用稿优先政策、主动约稿等手段，引领学科研究方向，扶持优势学科发展。同时，学报肩负着为人民服务，为社会主义服务，宣传党的方针政策，以科学的理论武装人，以正确的舆论引导人，以高尚的精神塑造人，以优秀的作品鼓舞人的重任。在引领学科研究重点问题、难点问题、热点问题、前沿问题的同时，学报通过语言规范、学科规范、意识形态等不同符号系统规范学术研究，树立学术道德，倡导学术正气，引领学科建设正确政治导向，自觉抵制学术不端行为，践行新时代中国特色社会主义核心价值观，弘扬主旋律，传播正能量。

3.2.2.3　培养学术人才

学术人才培养是学科建设的核心内容之一，是大学建设的重要内容之一，同时也是学报的责任和义务，更是学报实现可持续发展的主要策略之一。学术大家不是天生的，而是由稚嫩到成熟，由无名到知名，经过漫长的学术经验和教训的积累，才成长成的。高校中青年教师和博士、硕士研究生是学科建设的未来，虽然他们的学术积累还很少，能力弱，经验少，但他们对学术研究热情高，富有创新精神，新观点、新思路、新方法多。学术论文的价值在于论文体现的创新性意义，创新性是学报判断和选择学术稿件的重要标准。如前所述，学术稿件只是一些半成品，必须经过学报从语言到学术系统的规范和提升，才能成为合格产品。青年学者的稿件肯定存在各种问题，需要学报的帮助和扶持。在审稿中，如果稿件有新意，就应该录用，但要把文章存在的不足和修改意见具体详尽地告诉作者；如果稿件新意不大，学报就会退稿，但也要把文章存在的不足认真具体地给作者指出来，这样就会极大地激发他们的研究兴趣，提升其研究思路和论文写作技巧，增强其对学科研究的信心。有学者通过调查研究发现，高校长江学者特聘教授的成长，“80%左右的人与本校学报有关系，其中近50%的人是通过本校学报开始走上学术论文发表道路的，特别是学术理论性文章的写作与发表是从本校学报开始的。”（赵大良、杜秀杰，2009）另外，学报可以通过约稿方式，就某一前沿学科研究主题讨论，发表国际一流学者的有关论文，在深入研究的同时，也可为本校学科研究提供不同视角、不同观点，从而启发和培养本校学术人才。

3.2.2.4 培育新兴学科

情景语境是语篇表达意义的源泉，我们今天的语境是创新，我们进入创新的时代，新事物、新理念、新技术不断涌现。创新是语篇存在和成长的基石，是语篇是否有价值的依据，也是学报编辑判断和选择稿件的主要依据（高生文、何伟，2017）。一篇有创新价值学术论文的发表，一定会引起读者（往往都是学者）的关注，从而使读者受到启发，他们总会从不同角度，使用不同方法，进一步展开研究，形成学科研究的潮流，促进语篇不断向系统成长，可能最后形成新的学科或学科分支。高校多为综合性大学，综合性也是高校学报的主要特征之一。这样各学科之间相互影响，容易形成共同的研究主题，提出共同的研究问题，产生新学科和交叉学科。与传统学科比较，新兴学科研究力量相对较弱，水平也较低，当然开始时学术影响也不高，其研究成果很难在专业性特强的学术专业期刊上发表。而这些新学科具有很强的创新性，发展潜力大，往往能引领学科未来发展方向，是学报可持续发展的生力军。学报要抓住机遇，制定倾斜政策，为新型学科开设定期或不定期的专题研究，优先发表这些新的学术稿件，经过一定时间的积累，这些学科的特色和优势就会显现出来，得到大的发展，成为学科建设的亮点。

3.2.2.5 促进成果转化，服务社会

高校学报是具有国内、国际学术成果转化和交流传播资质的学术媒体，

是将高校学科研究与经济社会联系的桥梁，体现先进的理念、创新的理论和前沿的思想的学术论文只有通过学报等学术期刊的确认才能成为社会认可的学术成果，才能向社会传播，应用于国家经济建设和上层建筑顶层设计，才能转化为有效的社会生产力，实现产学研的结合，产生良好的经济效益和社会效益，进而推动社会发展和人类进步。随着国际化、网络化的发展，学报通过媒体融合技术的应用，通过自媒体、电子期刊等载体可以把高校学术成果推向国际社会，产生国际影响力，为高校树立国际形象，赢得国际声誉。

4. 学报在促进“双一流”建设中的发展策略

学科建设是“双一流”建设的基础，高校学报是高校主办的学术性期刊，是高校建设文化语境系统的示例，学报发展有助于推动高校学科建设，最后促进“双一流”建设，学报发展自己，就是推动高校学科建设，就是推动“双一流”建设，“双一流”建设又会极大地推动学报的发展，高校的发展方向和目标就是学报的方向和目标。高校学报如何更好促进“双一流”建设，同时抓住机遇，实现自身的发展，是一个很有现实意义的话题。在“双一流”建设中，学报发挥自身的优势，全力促进“双一流”建设，其实就是实现自身发展最好的方法和策略。学报实现发展的主要策略如下。

4.1　把好质量关，提高学报学术影响力

稿件质量是学报发展的生命。因此，学报一定要把好质量关。严格执行三审制度是稿件质量的保障，初审、复审和终审由不同主体实施，不同层级的审稿要求和内容相互交织，又各有重点，这样从稿件语言规范、学术规范、创新性、意识形态等层面对稿件层层把关，确保录用的稿件都是符合学报要求的。对一些体现重大现实问题的稿件和不熟悉拿不准的稿件可以适当扩大审稿范围，实行学科专家匿名审稿，确保审稿结果的公正、客观和科学，对稿件价值判断准确，问题清楚明了，做到用稿改稿实事求是，退稿有理有据。

4.2 策划选题，主动约稿或组稿

由于每位作者研究视角、研究兴趣、研究重点、研究性质等不同，加上许多作者对学报栏目设置、办刊宗旨、办刊特色、审稿要求等不是很清楚，因此，学报自然投稿往往主题散乱、质量参差不齐，带有一定盲目性。在期刊竞争激烈的今天，坐等来稿就不是明智之举。学报必须主动出击，参与科研活动，熟悉学科研究动态，捕捉研究信息，策划体现学报特色、富有创新的选题，这样才能引领学科研究，提高学报质量，促进学报发展。

4.3 培养学术新人，重视新学科

培养人才、发展新学科既是学科建设的重要内容，也是学报的责任和义务，更是学报可持续发展的战略之一。二者都具有很好的发展潜力，是学报未来发展的主力作者群和主要学科。学报要在选题策划、审稿、用稿、改稿、栏目设置、专题研究等方面对学术新人和新学科成果予以大力支持。

4.4 借助互联网，创新宣传模式

互联网、自媒体等是传播信息的新方式，具有及时性特征。学报可借助新媒体组稿、审稿、发布数据，提升学报的学术影响力。例如，在稿件通过终审定稿后就可通过微信、QQ 群、公众号等新媒体把学术论文进行发布，供读者下载和阅读，这样就把论文与读者见面的时间大大提前，文章的学术影响时间大幅增加，学报的影响力相应大幅提高。另外，互联网技术使信息连接简单便捷，输入主题，便可找到相关文献，无论文献是国内的还是国外的，打破了纸质期刊的学科界限和时空界限，因此，学报曾一度遭受学界和业界质疑和批评的“综合性”特征，就不仅不再是制约学报发展的缺点，在很大程度上成了学报的优势。同时，学报的学术影响触及全世界，对世界一流大学和世界一流学科建设非常有利。

4.5 依托高校优势学科，走特色化发展道路

特色化发展是学报发展的有效途径之一，这已经在学界形式共识。如前所述，语言体现语境，语境制约和决定语言。学报要想走特色发展之路，必

须根据学报所处的情景语境和文化语境，脱离语境办特色，是空想的，没有物质基础的，当然也不可能成功的（高生文，2017c，2018e）。高校优势学科在国内外学科研究这个情景语境中，往往研究课题丰富，研究主题前沿，成果一流，影响大，引领研究方向，在国内外学术界有话语权。同时，学科人才济济，梯队合理，学科研究成长性好，高校在资金、人员、政策方面支持力度大，是高校建设的重中之重。学报可以依托优势学科，设置特色栏目、专题研究等，可以邀请其中有号召力的领军专家来作栏目主持，并在用稿策略上加大对校内稿件的支持，这样，既可以及时把优势学科研究的优秀成果公布于众，又可以保证特色栏目的质量和可持续发展，实现学科与学报共同发展的良性循环。

不可否认，由于现行简单以影响因子为主要指标的“量化”学术评价机制使得高校优秀学术论文，尤其是优势学科的学术论文首选往国外SCI、EI、SSCI等期刊上投，然后往国内CSSCI来源期刊或北大核心期刊上投，这在很大程度上导致了学术评价只看论文数量，不看论文质量，只看影响因子，不看期刊性质、重要价值和质量，以刊评文，以刊评人，严重扰乱了正常健康的学术研究，绑架了学术，绑架了学术期刊，甚或催生了“引用联盟”、同行造假等学术不端事件频发。由于高校学报的高校性和内向性，加上学报数量多，在这个“量化”学术评价中，毫无优势可言。学报展示高校学科研究和形象、与学科建设相互促进的良性体现关系被基本切断，高校优质稿件严重外流，出现了自家种树让他人摘果的怪象。学报赖以存在的高校学科建设转而成为他人发展的基础，学报失去了发展动力，陷入积小积弱的困境，学报没有优质稿源，其影响因子的提高谈何容易。现行学术评价机制积弊已久，学界对其诟病颇多，因主题所限，这里不做过多讨论。

“双一流”建设是国家通过发展教育来强国的重大战略决策，在国务院关于“双一流”建设的总体方案和教育部、财政部和国家发展改革委印发的关于“双一流”建设实施办法中，明确将“质量效益”“社会贡献”作为“双一流”建设的标准和原则之一，而不是“论文数量”和“影响因子”，这就给高校学报的发展提供了难得的机会，使高校学报与学科建设回归共生共荣，相互促进的良性循环成为可能。高校是高校学科和学报共同的主管和主办者，是“双一流”建设的主体，处于“双一流”建设语境系统的一端，是“双一流”建设的文化语境系统，对“双一流”建设的情景语境有制约作用。高校可以在人力、财力和政策方面给予学报特别支持，鼓励本校科研人员，尤其是优势学科科研人员，把优秀学术论文投给学报，把在学报刊发的优秀学术论文当作各种重要检索期刊论文，或当作高校的 TOP 论文对待，并予以一定奖励；鼓励优势学科专家参与学报的组稿、审稿工作，这些工作可计入正常的工作量；鼓励学有所长的编辑尽可能参与科研活动，其科研成果在工作考核、职务晋升等方面得到肯定等。这样的举措和支持对学报发展和学报与学科建设相互促进来说是至关重要的，具有战略性意义。

4.6 提高学术编辑素养

学术编辑是学术编辑活动的主体，编辑水平决定学报水平，提高编辑水平就是提高学报促进高校“双一流”建设的水平。学术编辑具有两面性，即学术性和技术性，因此，提高学报编辑素养可以从两个方面着手。一方面编辑需要定期参加各种编辑业务培训和交流，更新编辑知识和业务能力，提高编辑思想意识和价值判断水平；另一方面编辑需要积极参加编辑自己所学专业学术活动和科研活动，提升学术编辑的学术敏感性，这样，学术编辑就可以提高选题策划、学术判断和稿件选择、学术规范和学术引领能力，推动学报的发展，同时推动高校“双一流”建设。

5. 结　　论

国家“双一流”建设为高校学报发展设定了目标，指明了方向，创造了机遇，学报在“双一流”建设中大有可为。本章从系统功能语言学视角讨论了高校学报在“双一流”建设中的发展。文章首先阐释了系统功能语言学关于社会符号的多层次性，解释了符合层际和层内的各种关系。然后对学报和学科建设的关系进行了讨论。研究发现，在“双一流”建设中，学科建设是“双一流”建设的基础，学报与学科具有相互促进、共生共荣的关系。

学报是反映高校教学科研成果的重要窗口，学报发展在五个方面对学科建设有推动作用：展示学术成果，抢占学术高地；引领学科建设；培养学术人才；培育新兴学科；促进成果转化，服务社会。学科建设有利于促进学报发展，学科建设是学报学术质量的基础，是学报学术质量的保障，优势学科建设是学报特色栏目建设成功和发展的基石。最后文章就学报在“双一流”建设中如何发展的问题做了回答，提出了六条发展策略：把好质量关，提高学报学术影响力；策划选题，主动约稿或组稿；培养学术新人，重视新学科；借助互联网，创新宣传模式；依托高校优势学科，走特色化发展道路；提高学术编辑素养。总之，我们认为，“双一流”建设需要学报一流；发挥自身优势，促进“双一流”建设，其实就是学报取得发展最好的方法和策略。

参考文献

Biber, D. 1994. An Analytical Framework for Register Studies [A]. In D. Biber & E. Finegan (eds.). *Sociolinguistic Perspectives on Register* [C]. Oxford: Oxford University Press.

Butt, D. 2004. *Parameters of Context: On Establishing the Smilarities and Differences between Social Processes* [Z]. Unpublishing Manuscript.

Eggins, S. 1994. *An Introduction to Systemic Functional Linguistics* [M]. London: Pinter.

Firth, J. R. 1935/1957. The technique of semantics [J]. *Transactions of the Philological Society*, (1): 36–73. Reprinted in J. R. Firth. *Papers in Linguistics 1934–1951* [C]. Oxford: Oxford University Press.

Firth, J. R. 1968. A synopsis of linguistic theory, 1930–55 [A]. In F. R. Palmer (eds.). *Selected Papers of J. R. Firth 1952–1959* [C]. London: Longman.

Gregory, M. 1967. Aspects of varieties differentiation[J]. *Journal of Linguistics*, (3):177–198.

Gregory, M. & S. Carroll. 1978. *Language and Situation: Language Varieties and Their Social Contexts* [M]. London: Routledge and Kegan Paul.

Gregory, M. 1988. Generic situation and register: a functional view of communication [A]. In J. D. Benson, M. J. Cummings & W. S. Greaves (eds.). *Linguistics in a Systemic Perspective*[C]. A*msterdam and Philadelphia:* John Benjamins Publishing Company.

Halliday, M. A. K., A. McIntosh & P. Stevens. 1964/2007/2008. The users and uses of language [A]. In *The Linguistic Sciences and Language Teaching*

［M］. London: Longman. Reprinted in J. J. Webster (ed.). *Language and Society* (Vol. 10 in the *Collected Works of M. A. K. Halliday*) ［C］. London and New York: Continuum/Beijing: Peking University Press.

Halliday, M. A. K. & R. Hasan. 1976. *Cohesion in English* ［M］. London: Longman.

Halliday, M. A. K. 1977/2002/2007. Text as semantic choice in social contexts ［A］. In J. J. Webster (ed.). *Linguistic Studies of Text and Discourse* (Vol. 2 in the *Collected Works of M. A. K. Halliday*) ［C］. London and New York: Continuum/Beijing: Peking University Press.

Halliday, M. A. K. 1978. *Language as Social Semiotic: The Social Interpretation of Meaning* ［M］. London: Arnold.

Halliday, M. A. K. & R. Hasan. 1985. *Language, Context, and Text: Aspects of Language in a Social-semiotic Perspective* ［M］. Geelong: Deakin University Press.

Halliday, M. A. K. 1992. How do you mean? ［A］. In M. Davies & L. Ravelli (eds.). *Advances in Systemic Linguistics: Recent Theory and Practice* ［C］. London: Pinter.

Halliday, M. A. K. 1994/2000. *An Introduction to Functional Grammar* (2nd ed.) ［M］. London: Arnold/Beijing: Foreign Language Teaching and Research Press.

Halliday, M. A. K. 1995/2005/2007. Computing meanings: some reflections on past experience and present prospects ［A］. In A plenary speech at PACLING. Reprinted in J. J. Webster (ed.). *Computational and Quantitative Studies* (Vol. 6 in the *Collected Works of M. A. K. Halliday*) ［C］. London and New York: Continuum/Beijing: Peking University Press.

Halliday, M. A. K. 1999. The notion of "context" in language education ［A］. In M. Ghadessy (ed.). *Text and Context in Functional Linguistics* ［C］. Amsterdam: John Benjamins.

Halliday, M. A. K. 2003/2007. On the "architecture" of human language ［A］. In

Webster, J. J. (ed.). *On Linguistics and Language* (Vol. 3 in the *Collected Works of M. A. K. Halliday*) [C]. London and New York: Continuum/ Beijing: Peking University Press.

Halliday, M. A. K. & Mattiessen, C. M. I. M. 2004. *An Introduction to Functional Grammar* [M]. London: Hodder Arnold.

Halliday, M. A. K. 2008. *Complementarities in Language* [M]. Beijing: The Commercial Press.

Halliday M. A. K. 2008. Working with meaning: towards an appliable linguistics [A]. In Webster J. (ed.). *Meaning in Context: Implementing Intelligent Applications of Language Studies* [C]. London: Continuum.

Halliday, M. A. K. 2013. Meaning as choice [A]. In L. Fontaine, T. Bartlett & G. O'Grady (eds.). *Systemic Functional Linguistics: Exploring Choice* [C]. Cambridge: Cambridge University Press.

Halliday, M. A. K. & Matthiessen, C. M. I. M. 2014. *Halliday's Introduction to Functional Grammar* (4th edn) [M]. London: Routledge.

Hasan, R. 2009. The place of context in a systemic functional model [A]. In M. A. K. Halliday & J. J. Webster (eds.). *Continuum Companion to Systemic Functional Linguistics* [C]. London: Continuum.

Hasan, R. 1995. The conception of context in text [A]. In P. Fries & M. Gregory (eds.). *Discourse in Society: Systemic Functional Perspectives: Meaning and Choice in Language: Studies for Michael Halliday* [C]. Norwood, New Jersey: Ablex Publishing Corporation.

Hasan, R. 1999. Speaking with reference to context [A]. In M. Ghadessy (ed.). *Text and Context in Functional Linguistics* [C]. Amsterdam: John Benjamins.

Lukin, A. *et al.* 2011. Halliday's model of register revisited and explored [J]. *Linguistics and the Human Sciences*, (2): 187 – 213.

Malinowski, B. 1923. The problem of meaning in primitive languages [A]. In C. K. Ogden & L. A. Richards (eds.). *The Meaning of Meaning: A Study of the*

Influence of Language upon Thought and of the Science of Symbolism [C]. London: Kegan Paul.

Malinowski, B. 1935. *Coral Gardens and Their Magic*, vol. 2 [M]. London: Allen & Unwin.

Matthiessen, C. M. I. M. 1993. Register in the round: diversity in a unified theory of register analysis [A]. In M. Ghadessy (ed.). *Register Analysis: Theory and Practice* [C]. London: Pinter.

Matthiessen, C. M. I. M. 1995. *Lexicogrammatical Cartograpgy: English Systems* [M]. Tokyo: International Language Sciences Publishers.

Martin, J. R. & J. Rothery. 1980. Working papers in linguistics 1: writing project report 1980 [R]. Sydney: Department of Linguistics, University of Sydney.

Martin, J. R. 1992/2004. *English Text: System and Structure* [M]. Amsterdam and Philadelphia: Benjamins/Beijing: Peking University Press.

Martin, J. R. 1997. Analysing genre functional parameters[A]. In F. Christie & J. R. Martin (eds.). *Genre and Institutions: Social Processes in the Workplace and School* [C]. London and New York: Continuum.

Martin, J. R. 1999. Modeling context: a crooked path of progress in contextual linguistics [A]. In M. Ghadessy (ed.). *Text and Context in Functional Linguistics* [C]. Amsterdam and Philadelphia: Benjamins.

Reid, T. B. W. 1956. Linguistics, structuralism and philology [J]. *Archivum Linguisticum*, (8): 28 – 37.

Spencer, J. & M. J. Gregory. 1964. An approach to the study of style[A]. In N. E. Enkvist, J. Spencer & M. J. Gregory (eds.). *Linguistics and Style* [C]. London: Oxford University Press.

Ventola, E. 1988. *The Structure of Social Interaction: A Systemic Approach to the Semiotics of Service Encounter* [M]. London: Pinter.

北大哲学系外国哲学史教研室编译. 1957. 古希腊罗马哲学 [C]. 北京：三联书店.

蔡克难. 2008. 编辑学研究为什么不能深入 [J]. 编辑之友，(1)：47 – 49.

常晨光，陈瑜敏. 2011. 系统功能语言学的语境研究［A］. 常晨光，陈瑜敏编. 功能语境研究［C］. 北京：外语教学与研究出版社.

陈建国，赵建华，高宗文. 1992. 孔丘编辑思想初探［J］. 编辑学刊，(6)：88－91.

陈建国. 1999. 孔丘编辑思想再探析［J］. 编辑学刊，(1)：43－46.

陈小鼎，王亚琪. 2013. 国际关系研究的话语权之争——兼论中国国际关系研究的学术自觉［J］. 国际安全研究，(5)：108－124.

陈寅恪. 1980. 金明馆丛稿二编［M］. 上海：上海古籍出版社.

代江龙. 2016. 论报刊互动类专栏作品的著作权归属［J］. 宁夏社会科学，(3)：69－73.

范晔. 1965. 后汉书·郑玄传［M］. 北京：中华书局.

甘祥满. 2009.《论语义疏》的体式与结构及其诠释意义［A］. 载北京大学《儒藏》编辑中心编，儒家典籍与思想研究（第一辑）［C］. 北京：北京大学出版社.

高生文，袁增进. 2011. 从语域理论视角看国际商务谈判口译［J］. 北京科技大学学报（社会科学版），(4)：37－41.

高生文. 2012. 语域分析与《论语》 翻译研究［J］. 北京科技大学学报（社会科学版），(3)：34－43.

高生文. 2013. 系统功能语言学语域思想新解［J］. 外语学刊，(6)：1－5.

高生文. 2014a. 翻译研究的语域分析模式［J］. 山东外语教学，(1)：102－107.

高生文. 2014b. 翻译研究的语域视角——理雅各和辜鸿铭《论语》英译比较［D］. 广州：中山大学.

高生文. 2015. 语域视角的编辑模式［J］. 编辑之友，(6)：69－73.

高生文. 2016. 翻译研究的语域视角——理雅各和辜鸿铭《论语》英译比较［M］. 北京：对外经济贸易大学出版社.

高生文. 2017a. 语域视角下学术期刊编辑对稿件的判断和选择［J］. 科技与出版，(4)：97－101.

高生文. 2017b. 话语基调下的学术期刊编辑两面性研究［J］. 中国编辑，

（11）：15－20，25.
高生文. 2017c. 系统功能语言学视角下高校人文社科学报特色栏目建设——以《北京科技大学学报（社会科学版）》“功能语言学”为例［J］. 北京科技大学学报（社会科学版），（6）：45－51.
高生文，何伟. 2017. 语域视阈下《论语》语篇成长性研究［J］. 齐鲁学刊，（3）：119－126.
高生文. 2018a. 话语基调下学术期刊编辑对学术的引领性研究［J］. 科技与出版，（1）：102－106.
高生文. 2018b. 话语基调视角下学术期刊编辑身份研究［J］. 编辑之友，（4）：88－92.
高生文. 2018e. 关于高校人文社科学报特色栏目建设的思考[J]. 中国编辑，（6）：36－40，46.
高翔. 2008. 引领学术潮流 彰显中国特色——在第七届全国综合类人文社会科学期刊高层论坛开幕式上的致辞［J］. 江汉论坛，（11）：26－29.
国际医学期刊编辑委员会. 2017. 国际医学期刊编辑委员会关于作者署名的推荐规范［J］. 临床儿科杂志，（2）：142.
国务院. 2015. 国务院关于印发统筹推进世界一流大学和一流学科建设总体方案的通知［EB/OL］.（2015－10－24）［2018－01－09］. http://www.gov.cn/zhengce/content/2015－11/05/content_10269.htm.
胡光清. 1989a. 论“述而不作”——中国古代编辑思想史论之二（上）[J]. 编辑之友，（3）：4－8.
胡光清. 1989b. 论“述而不作”——中国古代编辑思想史论之二（下）[J]. 编辑之友，（4）：16－20.
胡予琪. 2010. 中国古代编辑的优良传统［J］. 史学月刊，（9）：122－124.
黄国文. 2002. 功能语篇分析面面观［J］. 国外外语教学，（4）：25－32.
黄国文. 2006. 作为适用语言学的系统功能语言学[J]. 英语研究，（4）：1－6.
黄国文. 典籍翻译：从语内翻译到语际翻译——以《论语》英译为例［J］. 中国外语，2012（6）：64－71.
皇侃. 2007. 论语义疏［M］.《儒藏》（精华版）第一〇四册［C］. 北京：北

京大学出版社.
皇侃. 2013. 论语义疏［M］. 北京：中华书局.
计亚男. 2009.《中山大学学报（社科版）》主编吴承学：编辑不要妄谈“引领学术”［N］. 光明日报，2009-06-22（06）.
教育部. 1998. 教育部办公厅关于印发《高等学校学报管理办法》的通知［EB/OL］. http://www.moe.gov.cn/s78/A13/sks_left/s6388/moe_771/tnull_1049.html.
教育部. 2002. 教育部关于加强和改进高等学校哲学社会科学学报工作的意见［EB/OL］. http://www.moe.gov.cn/jyb_xxgk/gk_gbgg/moe_0/moe_8/moe_28/tnull_495.html.
教育部、财政部和国家发展改革委. 2017a. 统筹推进世界一流大学和一流学科建设实施办法（暂行）［EB/OL］. http://www.moe.gov.cn/srcsite/A22/moe_843/201701/t20170125_295701.html.
教育部、财政部和国家发展改革委. 2017b. 教育部、财政部、国家发展改革委关于公布世界一流大学和一流学科建设高校及建设学科名单的通知［EB/OL］. http://www. moe. gov. cn/srcsite/A22/moe_843/201709/t20170921_314942. html.
教育部、国家新闻出版广电总局. 2015. 教育部、国家新闻出版广电总局关于进一步加强和改进高校出版工作的意见［EB/OL］. http://www.moe.gov.cn/srcsite/A13/s7061/201802/t20180208_327146.html.
柯锦华. 2013. 学术期刊编辑三境界：从旁观者到引领者［N］. 中国社会科学报，2013-07-12（A06）.
雷原. 2007. 论语：中国人的圣经［M］. 北京：北京大学出版社.
李光宇. 1986. 孔子——我国编辑事业的开山祖师——建议我国编辑工作的起源［J］. 河南大学学报（哲学社会科学版），（5）：119-124.
黎靖德. 1994. 朱子语类［C］. 北京：中华书局.
刘阳海. 2011. 孔子“述而不作”的思想渊源和编辑技巧［J］. 编辑之友，（1）：95-97.
刘莉. 2015. 学术编辑职业修养浅析［J］. 中国出版，（16）：75-77.

刘少奇. 1985. 刘少奇选集（下册）［C］. 人民出版社.
刘庆昌. 2015. 人文社科学术期刊稿件质量的判断［J］. 编辑之友，（5）：76－80.
鲁迅. 2005. 鲁迅全集（第6卷）［C］. 北京：人民文学出版社.
吕叔湘. 1981. 谈谈编辑工作［J］. 出版工作，（4）：1.
马光. 2009. 编辑学术地位新论——编辑在学术发展中的主动作用［J］. 中国社会科学院研究生院学报，（6）：115－120.
马健. 1990. 春秋、战国编辑略说［J］. 齐齐哈尔师范学院学报（哲学社会科学版），（5）：98－105.
马宗霍. 1984. 中国经学史［M］. 上海：上海书店.
裴栓保. 2014. 谈学术期刊编辑选稿的五个视角［J］. 编辑之友，（11）：80－83.
乔家君. 2016. 中国高校学报发展的回顾与展望——对中国高校学报诞生110周年的总结与思考［J］. 河南大学学报（社会科学版），（6）：128－136.
钱荣贵. 1999. 高校学报应走专题化之路［J］. 编辑之友，（3）：32－35.
钱荣贵. 2013. 郑玄的注经思想及其体系［J］. 山东社会科学，（9）：109－114.
钱钟书. 1984. 谈艺录［M］. 北京：中华书局.
司马迁. 2006. 史记［M］. 北京：中华书局.
孙钦善. 2009.《儒藏》编辑学术谈［A］. 北京大学《儒藏》编纂中心编. 儒家典籍与思想研究（第一辑）［C］. 北京：北京大学出版社.
田峰，尹玉吉. 2013. 论综合性学术期刊存在的合理性［J］. 编辑学报，（3）：211－213.
田卫平. 2007. 重“展示”轻“引领”：学术期刊发展的缺位［J］. 重庆大学学报（社会科学版），（4）：63－64.
王国平，熊月之. 2006. 最早的中国大学学报——东吴学报创刊号《学桴》解读［J］. 苏州大学学报（哲学社会科学版），（3）：7－11.
王晚霞. 2014. 学术期刊编辑的学术理想与期刊质量［J］. 四川理工学院学报（社会科学版），（1）：100－106.

王艳慧. 2016. 学术引领与编辑主体性[N]. 中国社会科学报，2016-01-26(07).
吴美英. 2017. 大数据时代学术期刊编辑素质重构与能力提升［J］. 出版科学，(1)：47-51.
吴平. 1999. 中国古代书籍编辑指导思想浅论［J］. 编辑学刊，(1)：13-15.
吴平. 2012. 论古籍编撰活动中的编辑思想［J］. 河南大学学报（社会科学版），(2)：143-151.
颜帅. 1994. 论学术期刊编辑学者化［J］. 编辑学报，(4)：229-132.
杨伯峻. 2009. 论语译注（第3版）［M］. 北京：中华书局，2009.
杨栓保. 2011. 试析学术编辑的价值判断与价值选择［J］. 中国编辑，(5)：23-26，31.
杨焕章. 1995. 论学报编辑学者化的必要和可能［J］. 中国人民大学学报，(6)：107-111.
杨信彰. 2010. 马丁对语域理论的发展和应用［J］. 当代外语研究，(10)：39-42.
叶圣陶. 1982. 我和商务印书馆［J］. 新闻研究资料，(4)：154.
一哲. 2013. 学术期刊是引领学术发展的旗帜［N］. 中国社会科学报，2013-07-12（A04）.
尹玉吉. 2011. 论中国大学学报现状与改革切入点［J］. 清华大学学报（哲学社会科学版），(4)：128-138，160.
袁贵仁. 2002. 新世纪新阶段高校社科学报的形势和任务——在全国高校社科学报工作研讨会上的讲话［J］. 北京大学学报（哲学社会科学版），(6)：5-13.
詹歆睿. 2017. 地方高校学报特色栏目建设的探索与实践——以教育部名栏“司马迁与《史记》研究”建设与发展为例. 渭南师范学院学报，(17)：69-74.
张海英. 2009. 《论语》编纂的“硬伤”及其对现代编辑的启示［J］. 出版发行研究，(5)：72-75.
张满丽. 2014. 学术期刊编辑对学术论文的选择与判断［J］. 中国编辑，(3)：45-47，52.

张美芳. 2005. 翻译研究的功能途径［M］. 上海：上海外语教育出版社.
张慕华. 2015. 论学术编辑是否应引领学术研究［J］. 出版广角，10（上）：21－23.
张如法. 1994. 孔子——中国第一个伟大的编辑家［J］. 周口师专学报，（2）：91－97.
赵大良，杜秀杰. 2009. 简论高校学报的育人功能［J］. 编辑学报，（5）：380－381.
中国社会科学院语言研究所词典编辑室. 2012. 现代汉语词典（第7版）［Z］. 北京：商务印书馆.
仲伟民，朱剑. 2012. 中国高校学报传统析论［J］. 清华大学学报（哲学社会科学版），（5）：20－34，159.
朱剑. 2010. 高校学报的专业化转型与集约化、数字化发展——以教育部名刊工程建设为中心［J］. 清华大学学报（哲学社会科学版），（5）：5－27，158.
朱剑. 2011. 也谈社科学报的现状与改革切入点——答尹玉吉先生［J］. 清华大学学报（哲学社会科学版），（4）：139－155，160.
朱熹. 1983. 四书章句集注［M］. 北京：中华书局.